ŒUVRES

DE

J. RACINE.

Tome Troisième.

A PARIS,

A LA LIBRAIRIE DES ÉCOLES

rue Sainte-Marguerite S. G., 19.

Y

ŒUVRES

DE

JEAN RACINE.

TOME III.

PARIS, IMPRIMERIE DE POUSSIELGUE,
rue du Croissant-Montmartre, 12.

OEUVRES

DE

JEAN RACINE.

TOME TROISIÈME.

A PARIS,

A LA LIBRAIRIE DES ÉCOLES,

rue Sainte-Marguerite S. G., 19.

—

1835.

BAJAZET,

TRAGÉDIE.

(1672.)

PERSONNAGES.

BAJAZET, frère du sultan Amurat.

ROXANE, sultane favorite du sultan Amurat.

ATALIDE, fille du sang ottoman.

ACOMAT, grand-visir.

OSMIN, confident du grand-visir.

ZATIME, esclave de la sultane.

ZAÏRE, esclave d'Atalide.

GARDES.

La scène est à Constantinople, autrement dite Byzance, dans le sérail du grand-seigneur.

BAJAZET,

TRAGÉDIE.

~~~~~~

ACTE PREMIER.

SCÈNE I.

ACOMAT, OSMIN.

ACOMAT.

Viens, suis-moi. La sultane en ce lieu se doit rendre:
Je pourrai cependant te parler et t'entendre.

OSMIN.

Et depuis quand, seigneur, entre-t-on dans ces lieux
Dont l'accès étoit même interdit à nos yeux?
Jadis une mort prompte eût suivi cette audace.

ACOMAT.

Quand tu seras instruit de tout ce qui se passe
Mon entrée en ces lieux ne te surprendra plus.
Mais laissons, cher Osmin, les discours superflus.
Que ton retour tardoit à mon impatience!
Et que d'un œil content je te vois dans Byzance!
Instruis-moi des secrets que peut t'avoir appris
Un voyage si long, pour moi seul entrepris;
De ce qu'ont vu tes yeux parle en témoin sincère;
Songe que du récit, Osmin, que tu vas faire
Dépendent les destins de l'empire ottoman.
Qu'as-tu vu dans l'armée? et que fait le sultan?

OSMIN.

Babylone, seigneur, à son prince fidéle,
Voyoit sans s'étonner notre armée autour d'elle;
Les Persans rassemblés marchoient à son secours,
Et du camp d'Amurat s'approchoient tous les jours.
Lui-même, fatigué d'un long siége inutile,
Sembloit vouloir laisser Babylone tranquille;
Et sans renouveler ses assauts impuissans,
Résolu de combattre, attendoit les Persans.
Mais, comme vous savez, malgré ma diligence,
Un long chemin sépare et le camp et Byzance;
Mille obstacles divers m'ont même traversé :
Et je puis ignorer tout ce qui s'est passé.

ACOMAT.

Que faisoient cependant nos braves janissaires?
Rendent-ils au sultan des hommages sincéres?
Dans le secret des cœurs, Osmin, n'as-tu rien lu?
Amurat jouit-il d'un pouvoir absolu?

OSMIN.

Amurat est content, si nous le voulons croire,
Et sembloit se promettre une heureuse victoire.
Mais en vain par ce calme il croit nous éblouir;
Il affecte un repos dont il ne peut jouir.
C'est en vain que, forçant ses soupçons ordinaires,
Il se rend accessible à tous les janissaires :
Il se souvient toujours que son inimitié
Voulut de ce grand corps retrancher la moitié
Lorsque pour affermir sa puissance nouvelle
Il vouloit, disoit-il, sortir de leur tutelle.
Moi-même j'ai souvent entendu leurs discours;
Comme il les craint sans cesse ils le craignent toujours :
Ses caresses n'ont point effacé cette injure.
Votre absence est pour eux un sujet de murmure;
Ils regrettent le temps à leur grand cœur si doux

19

qu'assurés de vaincre ils combattoient sous vous.

ACOMAT.

!.tu crois, cher Osmin, que ma gloire passée
e encor leur valeur, et vit dans leur pensée?
-tu qu'ils me suivroient encore avec plaisir,
i'ils reconnoîtroient la voix de leur visir?

OSMIN.

accès du combat réglera leur conduite:
nt voir du sultan la victoire ou la fuite.
qu'à regret, seigneur, ils marchent sous ses lois,
nt à soutenir le bruit de leurs exploits :
e trahiront point l'honneur de tant d'années.
s enfin le succès dépend des destinées.
heureux Amurat, secondant leur grand cœur,
champs de Babylone est déclaré vainqueur,
s les verrez soumis rapporter dans Byzance
emple d'une aveugle et basse obéissance :
s si dans le combat le destin plus puissant
que de quelque affront son empire naissant,
fuit, ne doutez point que, fiers de sa disgrâce,
a haine bientôt ils ne joignent l'audace,
'expliquent, seigneur, la perte du combat
nme un arrêt du ciel qui réprouve Amurat.
endant, s'il en faut croire la renommée,
depuis trois mois fait partir de l'armée
esclave chargé de quelque ordre secret.
t le camp interdit trembloit pour Bajazet :
craignoit qu'Amurat par un ordre sévère
nvoyât demander la tête de son frère.

ACOMAT.

étoit son dessein. Cet esclave est venu :
montré son ordre, et n'a rien obtenu.

OSMIN.

oi! seigneur, le sultan reverra son visage

III.   2

Sans que de vos respects il lui porte ce gage?

ACOMAT.

Cet esclave n'est plus : un ordre, cher Osmin,
L'a fait précipiter dans le fond de l'Euxin.

OSMIN.

Mais le sultan, surpris d'une trop longue absence,
En cherchera bientôt la cause et la vengeance.
Que lui répondrez-vous?

ACOMAT.

Peut-être avant ce temps
Je saurai l'occuper de soins plus importans.
Je sais bien qu'Amurat a juré ma ruine :
Je sais à son retour l'accueil qu'il me destine.
Tu vois, pour m'arracher du cœur de ses soldats,
Qu'il va chercher sans moi les siéges, les combats :
Il commande l'armée; et moi dans une ville
Il me laisse exercer un pouvoir inutile.
Quel emploi, quel séjour, Osmin, pour un visir?
Mais j'ai plus dignement employé ce loisir :
J'ai su lui préparer des craintes et des veilles;
Et le bruit en ira bientôt à ses oreilles.

OSMIN.

Quoi donc? qu'avez-vous fait?

ACOMAT.

J'espère qu'aujourd'hui
Bajazet se déclare, et Roxane avec lui.

OSMIN.

Quoi! Roxane, seigneur, qu'Amurat a choisie
Entre tant de beautés dont l'Europe et l'Asie
Dépeuplent leurs états et remplissent sa cour?
Car on dit qu'elle seule a fixé son amour;
Et même il a voulu que l'heureuse Roxane
Avant qu'elle eût un fils prît le nom de sultane.

ACOMAT.

Il a fait plus pour elle, Osmin : il a voulu

Qu'elle eût dans son absence un pouvoir absolu.
Tu sais de nos sultans les rigueurs ordinaires :
Le frère rarement laisse jouir ses frères
De l'honneur dangereux d'être sortis d'un sang
Qui les a de trop près approchés de son rang.
L'imbécile Ibrahim, sans craindre sa naissance,
Traîne exempt de péril une éternelle enfance :
Indigne également de vivre et de mourir,
On l'abandonne aux mains qui daignent le nourrir.
L'autre, trop redoutable et trop digne d'envie,
Voit sans cesse Amurat armé contre sa vie.
Car enfin Bajazet dédaigna de tout temps
La molle oisiveté des enfans des sultans :
Il vint chercher la guerre au sortir de l'enfance,
Et même en fit sous moi la noble expérience.
Toi-même tu l'as vu courir dans les combats,
Emporter après lui tous les cœurs des soldats,
Et goûter, tout sanglant, le plaisir et la gloire
Que donne aux jeunes cœurs la première victoire.
Mais, malgré ses soupçons, le cruel Amurat,
Avant qu'un fils naissant eût rassuré l'état,
N'osoit sacrifier ce frère à sa vengeance,
Ni du sang ottoman proscrire l'espérance.
Ainsi donc pour un temps Amurat désarmé
Laissa dans le sérail Bajazet enfermé.
Il partit, et voulut que, fidèle à sa haine,
Et des jours de son frère arbitre souveraine,
Roxane, au moindre bruit et sans autres raisons,
Le fît sacrifier à ses moindres soupçons.
Pour moi, demeuré seul, une juste colère
Tourna bientôt mes vœux du côté de son frère.
J'entretins la sultane, et, cachant mon dessein,
Lui montrai d'Amurat le retour incertain,
Les murmures du camp, la fortune des armes :
Je plaignis Bajazet ; je lui vantai ses charmes,

Qui, par un soin jaloux dans l'ombre retenus,
Si voisins de ses yeux leur étoient inconnus.
Que te dirai-je enfin? la sultane éperdue
N'eut plus d'autre désir que celui de sa vue.

OSMIN.

Mais pouvoient-ils tromper tant de jaloux regards
Qui semblent mettre entre eux d'invincibles remparts?

ACOMAT.

Peut-être il te souvient qu'un récit peu fidèle
De la mort d'Amurat fit courir la nouvelle.
La sultane, à ce bruit feignant de s'effrayer,
Par des cris douloureux eut soin de l'appuyer.
Sur la foi de ses pleurs ses esclaves tremblèrent;
De l'heureux Bajazet les gardes se troublèrent;
Et les dons achevant d'ébranler leur devoir,
Leurs captifs dans ce trouble osèrent s'entrevoir.
Roxane vit le prince; elle ne put lui taire
L'ordre dont elle seule étoit dépositaire.
Bajazet est aimable; il vit que son salut
Dépendoit de lui plaire, et bientôt il lui plut.
Tout conspiroit pour lui : ses soins, sa complaisance,
Ce secret découvert et cette intelligence,
Soupirs d'autant plus doux qu'il les falloit céler,
L'embarras irritant de ne s'oser parler,
Même témérité, périls, craintes communes,
Lièrent pour jamais leurs cœurs et leurs fortunes.
Ceux mêmes dont les yeux les devoient éclairer,
Sortis de leur devoir, n'osèrent y rentrer.

OSMIN.

Quoi! Roxane d'abord leur découvrant son ame
Osa-t-elle à leurs yeux faire éclater sa flamme?

ACOMAT.

Ils l'ignorent encore; et jusques à ce jour
Atalide a prêté son nom à cet amour.

Du père d'Amurat Atalide est la niéce ;
Et même avec ses fils partageant sa tendresse,
Elle a vu son enfance élevée avec eux.
Du prince en apparence elle reçoit les vœux ;
Mais elle les reçoit pour les rendre à Roxane,
Et veut bien sous son nom qu'il aime la sultane.
Cependant, cher Osmin, pour s'appuyer de moi,
L'un et l'autre ont promis Atalide à ma foi.

OSMIN.

Quoi ! vous l'aimez, seigneur ?

ACOMAT.

           Voudrois-tu qu'à mon âge
Je fisse de l'amour le vil apprentissage ?
Qu'un cœur qu'ont endurci la fatigue et les ans
Suivît d'un vain plaisir les conseils imprudens ?
C'est par d'autres attraits qu'elle plaît à ma vue :
J'aime en elle le sang dont elle est descendue ;
Par elle Bajazet, en m'approchant de lui,
Me va contre lui-même assurer un appui.
Un visir aux sultans fait toujours quelque ombrage :
A peine ils l'ont choisi qu'ils craignent leur ouvrage :
Sa dépouille est un bien qu'ils veulent recueillir,
Et jamais leurs chagrins ne nous laissent vieillir.
Bajazet aujourd'hui m'honore et me caresse ;
Ses périls tous les jours réveillent sa tendresse :
Ce même Bajazet, sur le trône affermi,
Méconnoîtra peut-être un inutile ami.
Et moi, si mon devoir, si ma foi ne l'arrête,
S'il ose quelque jour me demander ma tête...
Je ne m'explique point, Osmin : mais je prétends
Que du moins il faudra la demander long-temps.
Je sais rendre aux sultans de fidèles services ;
Mais je laisse au vulgaire adorer leurs caprices,
Et ne me pique point du scrupule insensé

De bénir mon trépas quand ils l'ont prononcé.
Voilà donc de ces lieux ce qui m'ouvre l'entrée,
Et comme enfin Roxane à mes yeux s'est montrée.
Invisible d'abord, elle entendoit ma voix,
Et craignoit du sérail les rigoureuses lois;
Mais enfin, bannissant cette importune crainte
Qui dans nos entretiens jetoit trop de contrainte,
Elle-même a choisi cet endroit écarté,
Où nos cœurs à nos yeux parlent en liberté.
Par un chemin obscur une esclave me guide,
Et... Mais on vient. C'est elle et sa chère Atalide.
Demeure; et, s'il le faut, sois prêt à confirmer
Le récit important dont je vais l'informer.

SCÈNE II.

ROXANE, ATALIDE, ACOMAT, ZATIME, ZAIRE, OSMIN.

ACOMAT.

La vérité s'accorde avec la renommée,
Madame. Osmin a vu le sultan et l'armée.
Le superbe Amurat est toujours inquiet,
Et toujours tous les cœurs penchent vers Bajazet:
D'une commune voix ils l'appellent au trône.
Cependant les Persans marchoient vers Babylone,
Et bientôt les deux camps au pied de son rempart
Devoient de la bataille éprouver le hasard.
Ce combat doit, dit-on, fixer nos destinées;
Et même, si d'Osmin je compte les journées,
Le ciel en a déjà réglé l'événement,
Et le sultan triomphe ou fuit en ce moment.
Déclarons-nous, madame, et rompons le silence:
Fermons-lui dès ce jour les portes de Byzance;

Et sans nous informer s'il triomphe ou s'il fuit,
Croyez-moi, hâtons-nous d'en prévenir le bruit.
S'il fuit que craignez-vous? s'il triomphe au contraire
Le conseil le plus prompt est le plus salutaire :
Vous voudrez, mais trop tard, soustraire à son pouvoir.
Un peuple dans ses murs prêt à le recevoir.
Pour moi, j'ai su déjà par mes brigues secrètes
Gagner de notre loi les sacrés interprètes:
Je sais combien, crédule en sa dévotion,
Le peuple suit le frein de la religion.
Souffrez que Bajazet voie enfin la lumière :
Des murs de ce palais ouvrez-lui la barrière;
Déployez en son nom cet étendard fatal,
Des extrêmes périls l'ordinaire signal.
Les peuples, prévenus de ce nom favorable,
Savent que sa vertu le rend seule coupable.
D'ailleurs un bruit confus, par mes soins confirmé,
   ait croire heureusement à ce peuple alarmé
Qu'Amurat le dédaigne, et veut loin de Byzance
Transporter désormais son trône et sa présence.
Déclarons le péril dont son frère est pressé,
Montrons l'ordre cruel qui vous fut adressé :
Surtout qu'il se déclare et se montre lui-même,
Et fasse voir ce front digne du diadème.

ROXANE.

Il suffit. Je tiendrai tout ce que j'ai promis.
Allez, brave Acomat, assembler vos amis :
De tous leurs sentimens venez me rendre compte;
Je vous rendrai moi-même une réponse prompte.
Je verrai Bajazet. Je ne puis dire rien
Sans savoir si son cœur s'accorde avec le mien.
Allez, et revenez.

SCÈNE III.

ROXANE, ATALIDE, ZATIME, ZAIRE.

ROXANE.

Enfin, belle Atalide,
Il faut de nos destins que Bajazet décide.
Pour la dernière fois je vais le consulter :
Je vais savoir s'il m'aime.

ATALIDE.

Est-il temps d'en douter,
Madame ? Hâtez-vous d'achever votre ouvrage.
Vous avez du visir entendu le langage ;
Bajazet vous est cher : savez-vous si demain
Sa liberté, ses jours seront en votre main ?
Peut-être en ce moment Amurat en furie
S'approche pour trancher une si belle vie.
Et pourquoi de son cœur doutez-vous aujourd'hui ?

ROXANE.

Mais m'en répondez-vous, vous qui parlez pour lui ?

ATALIDE.

Quoi! madame, les soins qu'il a pris pour vous plaire,
Ce que vous avez fait, ce que vous pouvez faire,
Ses périls, ses respects et surtout vos appas,
Tout cela de son cœur ne vous répond-il pas ?
Croyez que vos bontés vivent dans sa mémoire.

ROXANE.

Hélas ! pour mon repos que ne le puis-je croire !
Pourquoi faut-il au moins que pour me consoler
L'ingrat ne parle pas comme on le fait parler !
Vingt fois sur vos discours pleine de confiance,
Du trouble de son cœur jouissant par avance,
Moi-même j'ai voulu m'assurer de sa foi,
Et l'ai fait en secret amener devant moi.

Peut-être trop d'amour me rend trop difficile :
Mais sans vous fatiguer d'un récit inutile,
Je ne retrouvois point ce trouble, cette ardeur
Que m'avoit tant promis un discours trop flatteur.
Enfin, si je lui donne et la vie et l'empire,
Ces gages incertains ne me peuvent suffire.

ATALIDE.

Quoi donc ! à son amour qu'allez-vous proposer ?

ROXANE.

S'il m'aime dès ce jour il me doit épouser.

ATALIDE.

Vous épouser ! O ciel ! que prétendez-vous faire ?

ROXANE.

Je sais que des sultans l'usage m'est contraire ;
Je sais qu'ils se sont fait une superbe loi
De ne point à l'hymen assujettir leur foi.
Parmi tant de beautés qui briguent leur tendresse
Ils daignent quelquefois choisir une maîtresse :
Mais, toujours inquiète avec tous ses appas,
Esclave, elle reçoit son maître dans ses bras ;
Et sans sortir du joug où leur loi la condamne
Il faut qu'un fils naissant la déclare sultane.
Amurat plus ardent, et seul jusqu'à ce jour,
A voulu que l'on dût ce titre à son amour.
J'en reçus la puissance aussi bien que le titre ;
Et des jours de son frère il me laissa l'arbitre.
Mais ce même Amurat ne me promit jamais
Que l'hymen dût un jour couronner ses bienfaits :
Et moi qui n'aspirois qu'à cette seule gloire
De ses autres bienfaits j'ai perdu la mémoire.
Toutefois que sert-il de me justifier ?
Bajazet, il est vrai, m'a tout fait oublier :
Malgré tous ses malheurs, plus heureux que son frère,
Il m'a plu sans peut-être aspirer à me plaire ;

Femmes, gardes, visir, pour lui j'ai tout séduit;
En un mot vous voyez jusqu'où je l'ai conduit.
Grâces à mon amour, je me suis bien servie
Du pouvoir qu'Amurat me donna sur sa vie.
Bajazet touche presque au trône des sultans:
Il ne faut plus qu'un pas; mais c'est où je l'attends.
Malgré tout mon amour, si dans cette journée
Il ne m'attache à lui par un juste hyménée;
S'il ose m'alléguer une odieuse loi;
Quand je fais tout pour lui s'il ne fait tout pour moi;
Dès le même moment, sans songer si je l'aime,
Sans consulter enfin si je me perds moi-même,
J'abandonne l'ingrat, et le laisse rentrer
Dans l'état malheureux d'où je l'ai su tirer.
Voilà sur quoi je veux que Bajazet prononce:
Sa perte ou son salut dépend de sa réponse.
Je ne vous presse point de vouloir aujourd'hui
Me prêter votre voix pour m'expliquer à lui:
Je veux que devant moi sa bouche et son visage
Me découvrent son cœur sans me laisser d'ombrage;
Que lui-même, en secret amené dans ces lieux,
Sans être préparé se présente à mes yeux.
Adieu. Vous saurez tout après cette entrevue.

SCÈNE IV.

ATALIDE, ZAIRE.

ATALIDE.

Zaïre, c'en est fait, Atalide est perdue!

ZAIRE.

Vous?

ATALIDE.

Je prévois déjà tout ce qu'il faut prévoir.
Mon unique espérance est dans mon désespoir.

ZAÏRE.

Mais, madame, pourquoi?

ATALIDE.

Si tu venois d'entendre
Quel funeste dessein Roxane vient de prendre?
Quelles conditions elle veut imposer?
Bajazet doit périr, dit-elle, ou l'épouser!
S'il se rend que deviens-je en ce malheur extrême?
Et s'il ne se rend pas que devient-il lui-même?

ZAÏRE.

Je conçois ce malheur. Mais, à ne point mentir,
Votre amour dès long-temps a dû le pressentir.

ATALIDE.

Ah! Zaïre, l'amour a-t-il tant de prudence?
Tout sembloit avec nous être d'intelligence:
Roxane, se livrant tout entière à ma foi,
Du cœur de Bajazet se reposoit sur moi,
M'abandonnoit le soin de tout ce qui le touche,
Le voyoit par mes yeux, lui parloit par ma bouche;
Et je croyois toucher au bienheureux moment
Où j'allois par mes mains couronner mon amant.
Le ciel s'est déclaré contre mon artifice.
Et que falloit-il donc, Zaïre, que je fisse?
A l'erreur de Roxane ai-je dû m'opposer,
Et perdre mon amant pour la désabuser?
Avant que dans son cœur cette amour fût formée
J'aimois, et je pouvois m'assurer d'être aimée.
Dès nos plus jeunes ans, tu t'en souviens assez,
L'amour serra les nœuds par le sang commencés.
Elevée avec lui dans le sein de sa mère,
J'appris à distinguer Bajazet de son frère:
Elle-même avec joie unit nos volontés:
Et, quoique après sa mort l'un de l'autre écartés,
Conservant sans nous voir le désir de nous plaire,
Nous avons su toujours nous aimer et nous taire.

Roxane, qui depuis, loin de s'en défier,
A ses desseins secrets voulut m'associer,
Ne put voir sans amour ce héros trop aimable :
Elle courut lui tendre une main favorable.
Bajazet étonné rendit grâce à ses soins,
Lui rendit des respects. Pouvoit-il faire moins ?
Mais qu'aisément l'amour croit tout ce qu'il souhaite !
De ses moindres respects Roxane satisfaite
Nous engagea tous deux par sa facilité
A la laisser jouir de sa crédulité.
Zaïre, il faut pourtant avouer ma foiblesse ;
D'un mouvement jaloux je ne fus pas maîtresse.
Ma rivale, accablant mon amant de bienfaits,
Opposoit un empire à mes foibles attraits ;
Mille soins la rendoient présente à sa mémoire ;
Elle l'entretenoit de sa prochaine gloire ;
Et moi je ne puis rien ; mon cœur pour tout discours
N'avoit que des soupirs qu'il répétoit toujours.
Le ciel seul sait combien j'en ai versé de larmes.
Mais enfin Bajazet dissipa mes alarmes :
Je condamnai mes pleurs, et jusques aujourd'hui
Je l'ai pressé de feindre, et j'ai parlé pour lui.
Hélas ! tout est fini ; Roxane méprisée
Bientôt de son erreur sera désabusée ;
Car enfin Bajazet ne sait point se cacher :
Je connois sa vertu prompte à s'effaroucher ;
Il faut qu'à tous momens, tremblante et secourable,
Je donne à ses discours un sens plus favorable.
Bajazet va se perdre. Ah ! si comme autrefois
Ma rivale eût voulu lui parler par ma voix !
Au moins si j'avois pu préparer son visage !
Mais, Zaïre, je puis l'attendre à son passage
D'un mot ou d'un regard je puis le secourir.
Qu'il l'épouse, en un mot, plutôt que de périr.
Si Roxane le veut sans doute il faut qu'il meure.

Il se perdra, te dis-je. Atalide, demeure;
Laisse sans t'alarmer ton amant sur sa foi.
Penses-tu mériter qu'on se perde pour toi?
Peut-être Bajazet, secondant ton envie,
Plus que tu ne voudras aura soin de sa vie.

ZAIRE.

Ah! dans quels soins, madame, allez-vous vous plonger!
Toujours avant le temps faut-il vous affliger?
Vous n'en pouvez douter, Bajazet vous adore:
Suspendez ou cachez l'ennui qui vous dévore;
N'allez point par vos pleurs déclarer vos amours.
La main qui l'a sauvé le sauvera toujours,
Pourvu qu'entretenue en son erreur fatale
Roxane jusqu'au bout ignore sa rivale.
Venez en d'autres lieux renfermer vos regrets,
Et de leur entrevue attendre le succès.

ATALIDE.

Eh bien, Zaïre, allons: et toi, si ta justice
De deux jeunes amans veut punir l'artifice,
O ciel, si notre amour est condamné de toi,
Je suis la plus coupable, épuise tout sur moi!

ACTE SECOND.

SCÈNE I.

BAJAZET, ROXANE.

ROXANE.

Prince, l'heure fatale est enfin arrivée
Qu'à votre liberté le ciel a réservée.
Rien ne me retient plus, et je puis dès ce jour
Accomplir le dessein qu'a formé mon amour.
Non que, vous assurant d'un triomphe facile,
Je mette entre vos mains un empire tranquille ;
Je fais ce que je puis, je vous l'avois promis :
J'arme votre valeur contre vos ennemis,
J'écarte de vos jours un péril manifeste ;
Votre vertu, seigneur, achevera le reste.
Osmin a vu l'armée, elle penche pour vous ;
Les chefs de notre loi conspirent avec nous ;
Le visir Acomat vous répond de Byzance :
Et moi, vous le savez, je tiens sous ma puissance
Cette foule de chefs, d'esclaves, de muets,
Peuple que dans ses murs renferme ce palais,
Et dont à ma faveur les ames asservies
M'ont vendu dès long-temps leur silence et leurs vies.
Commencez maintenant : c'est à vous de courir
Dans le champ glorieux que j'ai su vous ouvrir.
Vous n'entreprenez point une injuste carrière,
Vous repoussez, seigneur, une main meurtrière :
L'exemple en est commun ; et, parmi les sultans,
Ce chemin à l'empire a conduit de tout temps.

Mais pour mieux commencer hâtons-nous l'un et l'autre
D'assurer à la fois mon bonheur et le vôtre.
Montrez à l'univers en m'attachant à vous
Que quand je vous servois je servois mon époux ;
Et par le nœud sacré d'un heureux hyménée
Justifiez la foi que je vous ai donnée.

BAJAZET.

Ah ! que proposez-vous, madame ?

ROXANE.

Eh quoi, seigneur !
Quel obstacle secret trouble notre bonheur ?

BAJAZET.

Madame, ignorez-vous que l'orgueil de l'empire...
Que ne m'épargnez-vous la douleur de le dire ?

ROXANE,

Oui, je sais que depuis qu'un de vos empereurs,
Bajazet, d'un barbare éprouvant les fureurs,
Vit au char du vainqueur son épouse enchaînée
Et par toute l'Asie à sa suite traînée,
De l'honneur ottoman ses successeurs jaloux
Ont daigné rarement prendre le nom d'époux.
Mais l'amour ne suit point ces lois imaginaires ;
Et, sans vous rapporter des exemples vulgaires,
Soliman (vous savez qu'entre tous vos aïeux,
Dont l'univers a craint le bras victorieux,
Nul n'éleva si haut la grandeur ottomane)
Ce Soliman jeta les yeux sur Roxelane.
Malgré tout son orgueil, ce monarque si fier
A son trône, à son lit daigna l'associer,
Sans qu'elle eût d'autres droits au rang d'impératrice
Qu'un peu d'attraits peut-être et beaucoup d'artifice.

BAJAZET.

Il est vrai ; mais aussi voyez ce que je puis,
Ce qu'étoit Soliman, et le peu que je suis.

Soliman jouissoit d'une pleine puissance :
L'Egypte ramenée à son obéissance,
Rhodes, des Ottomans ce redoutable écueil,
De tous ses défenseurs devenu le cercueil,
Du Danube asservi les rives désolées,
De l'empire persan les bornes reculées,
Dans leurs climats brûlans les Africains domptés,
Faisoient taire les lois devant ses volontés.
Que suis-je? j'attends tout du peuple et de l'armée
Mes malheurs font encor toute ma renommée.
Infortuné, proscrit, incertain de régner,
Dois-je irriter les cœurs au lieu de les gagner?
Témoins de nos plaisirs, plaindront-ils nos misères?
Croiront-ils mes périls et vos larmes sincères?
Songez, sans me flatter du sort de Soliman,
Au meurtre tout récent du malheureux Osman :
Dans leur rebellion les chefs des janissaires,
Cherchant à colorer leurs desseins sanguinaires,
Se crurent à sa perte assez autorisés
Par le fatal hymen que vous me proposez.
Que vous dirai-je enfin? Maître de leur suffrage,
Peut-être avec le temps j'oserai davantage :
Ne précipitons rien, et daignez commencer
A me mettre en état de vous récompenser.

ROXANE.

Je vous entends, seigneur : je vois mon imprudence,
Je vois que rien n'échappe à votre prévoyance;
Vous avez pressenti jusqu'au moindre danger
Où mon amour trop prompt vous alloit engager.
Pour vous, pour votre honneur vous en craignez lessuite
Et je le crois, seigneur, puisque vous me le dites.
Mais avez-vous prévu, si vous ne m'épousez,
Les périls plus certains où vous vous exposez?
Songez-vous que sans moi tout vous devient contraire?
Que c'est à moi surtout qu'il importe de plaire?

Songez-vous que je tiens les portes du palais?
Que je puis vous l'ouvrir ou fermer pour jamais?
Que j'ai sur votre vie un empire suprême?
Que vous ne respirez qu'autant que je vous aime?
Et, sans ce même amour qu'offensent vos refus,
Songez-vous, en un mot, que vous ne seriez plus?

BAJAZET.

Oui, je tiens tout de vous, et j'avois lieu de croire
Que c'étoit pour vous-même une assez grande gloire,
En voyant devant moi tout l'empire à genoux,
De m'entendre avouer que je tiens tout de vous.
Je ne m'en défends point; ma bouche le confesse,
Et mon respect saura le confirmer sans cesse.
Je vous dois tout mon sang, ma vie est votre bien.
Mais enfin voulez-vous...

ROXANE.

Non, je ne veux plus rien.
Ne m'importune plus de tes raisons forcées;
Je vois combien tes vœux sont loin de mes pensées;
Je ne te presse plus, ingrat, d'y consentir:
Rentre dans le néant dont je t'ai fait sortir.
Car enfin qui m'arrête? et quelle autre assurance
Demanderois-je encor de son indifférence?
L'ingrat est-il touché de mes empressemens?
L'amour même entre-t-il dans ses raisonnemens?
Ah! je vois tes desseins. Tu crois, quoi que je fasse,
Que mes propres périls t'assurent de ta grâce;
Qu'engagée avec toi par de si forts liens
Je ne puis séparer tes intérêts des miens.
Mais je m'assure encore aux bontés de ton frère:
Il m'aime, tu le sais; et malgré sa colère
Dans ton perfide sang je puis tout expier,
Et ta mort suffira pour me justifier.
N'en doute point, j'y cours, et dès ce moment même.
Bajazet, écoutez, je sens que je vous aime:

Vous vous perdez. Gardez de me laisser sortir :
Le chemin est encore ouvert au repentir.
Ne désespérez point une amante en furie :
S'il m'échappoit un mot c'est fait de votre vie.

BAJAZET.

Vous pouvez me l'ôter, elle est entre vos mains :
Peut-être que ma mort, utile à vos desseins,
De l'heureux Amurat obtenant votre grâce,
Vous rendra dans son cœur votre première place.

ROXANE.

Dans son cœur? Ah! crois-tu, quand il le voudroit bien,
Que si je perds l'espoir de régner dans le tien,
D'une si douce erreur si long-temps possédée,
Je puisse désormais souffrir une autre idée,
Ni que je vive enfin si je ne vis pour toi?
Je te donne, cruel, des armes contre moi,
Sans doute ; et je devrois retenir ma foiblesse :
Tu vas en triompher. Oui, je te le confesse,
J'affectois à tes yeux une fausse fierté :
De toi dépend ma joie et ma félicité.
De ma sanglante mort ta mort sera suivie :
Quel fruit de tant de soins que j'ai pris pour ta vie !
Tu soupires enfin, et sembles te troubler :
Achéve, parle.

BAJAZET.

O ciel ! que ne puis-je parler !

ROXANE.

Quoi donc! que dites-vous, et que viens-je d'entendre?
Vous avez des secrets que je ne puis apprendre?
Quoi ! de vos sentimens je ne puis m'éclaicir?

BAJAZET.

Madame, encore un coup, c'est à vous de choisir :
Daignez m'ouvrir au trône un chemin légitime,
Ou bien me voilà prêt, prenez votre victime.

ROXANE.

Ah! c'en est trop enfin, tu seras satisfait.
Holà, gardes, qu'on vienne!

SCÈNE II.

ROXANE, BAJAZET, ACOMAT.

ROXANE.

Acomat, c'en est fait;
Vous pouvez retourner, je n'ai rien à vous dire :
Du sultan Amurat je reconnois l'empire.
Sortez. Que le sérail soit désormais fermé;
Et que tout rentre ici dans l'ordre accoutumé.

SCÈNE III.

BAJAZET, ACOMAT.

ACOMAT.

Seigneur, qu'ai-je entendu? Quelle surprise extrême!
Qu'allez-vous devenir? que deviens-je moi-même?
D'où naît ce changement? qui dois-je en accuser?
O ciel !

BAJAZET.

Il ne faut point ici vous abuser.
Roxane est offensée, et court à la vengeance :
Un obstacle éternel rompt notre intelligence.
Visir, songez à vous, je vous en averti;
Et sans compter sur moi prenez votre parti.

ACOMAT.

Quoi!

BAJAZET.

Vous et vos amis cherchez quelque retraite.
Je sais dans quels périls mon amitié vous jette;
Et j'espérois un jour vous mieux récompenser.

Mais c'en est fait, vous dis-je, il n'y faut plus penser.

ACOMAT.

Et quel est donc, seigneur, cet obstacle invincible?
Tantôt dans le sérail j'ai laissé tout paisible:
Quelle fureur saisit votre esprit et le sien?

BAJAZET.

Elle veut, Acomat, que je l'épouse.

ACOMAT.

Eh bien!

L'usage des sultans à ses vœux est contraire;
Mais cet usage enfin, est-ce une loi sévère
Qu'aux dépens de vos jours vous deviez observer?
La plus sainte des lois, ah! c'est de vous sauver,
Et d'arracher, seigneur, d'une mort manifeste
Le sang des Ottomans dont vous faites le reste.

BAJAZET.

Ce reste malheureux seroit trop acheté
S'il faut le conserver par une lâcheté.

ACOMAT.

Et pourquoi vous en faire une image si noire?
L'hymen de Soliman ternit-il sa mémoire?
Cependant Soliman n'étoit point menacé
Des périls évidens dont vous êtes pressé.

BAJAZET.

Et ce sont ces périls et ce soin de ma vie
Qui d'un servile hymen feroient l'ignominie.
Soliman n'avoit point ce prétexte odieux:
Son esclave trouva grâce devant ses yeux;
Et, sans subir le joug d'un hymen nécessaire,
Il lui fit de son cœur un présent volontaire.

ACOMAT.

Mais vous aimez Roxane.

BAJAZET.

Acomat, c'est assez.

Je me plains de mon sort moins que vous ne pensez.
La mort n'est point pour moi le comble des disgrâces;
J'osai, tout jeune encor, la chercher sur vos traces ;
Et l'indigne prison où je suis renfermé
A la voir de plus près m'a même accoutumé :
Amurat à mes yeux l'a vingt fois présentée :
Elle finit le cours d'une vie agitée.
Hélas ! si je la quitte avec quelque regret...
Pardonnez, Acomat, je plains avec sujet
Des cœurs dont les bontés trop mal récompensées
M'avoient pris pour objet de toutes leurs pensées.

ACOMAT.

Ah ! si nous périssons n'en accusez que vous,
Seigneur : dites un mot, et vous nous sauvez tous.
Tout ce qui reste ici de braves janissaires,
De la religion les saints dépositaires,
Du peuple byzantin ceux qui plus respectés
Par leur exemple seul règlent ses volontés,
Sont près de vous conduire à la porte sacrée
D'où les nouveaux sultans font leur première entrée.

BAJAZET.

Eh bien, brave Acomat, si je leur suis si cher,
Que des mains de Roxane ils viennent m'arracher :
Du sérail, s'il le faut, venez forcer la porte ;
Entrez accompagné de leur vaillante escorte.
J'aime mieux en sortir sanglant, couvert de coups
Que chargé malgré moi du nom de son époux.
Peut-être je saurai dans ce désordre extrême
Par un beau désespoir me secourir moi-même,
Attendre en combattant l'effet de votre foi,
Et vous donner le temps de venir jusqu'à moi.

ACOMAT.

Eh ! pourrai-je empêcher, malgré ma diligence,
Que Roxane d'un coup n'assure sa vengeance?

Alors qu'aura servi ce zèle impétueux,
Qu'à charger vos amis d'un crime infructueux?
Promettez : affranchi du péril qui vous presse,
Vous verrez de quel poids sera votre promesse.

BAJAZET.

Moi!

ACOMAT.

Ne rougissez point : le sang des Ottomans
Ne doit point en esclave obéir aux sermens.
Consultez ces héros que le droit de la guerre
Mena victorieux jusqu'au bout de la terre :
Libres dans leur victoire, et maîtres de leur foi,
L'intérêt de l'état fut leur unique loi ;
Et d'un trône si saint la moitié n'est fondée
Que sur la foi promise et rarement gardée.
Je m'emporte, seigneur.

BAJAZET.

Oui, je sais, Acomat,
Jusqu'où les a portés l'intérêt de l'état :
Mais ces mêmes héros, prodigues de leur vie,
Ne la rachetoient point par une perfidie.

ACOMAT.

O courage inflexible! ô trop constante foi,
Que même en périssant j'admire malgré moi!
Faut-il qu'en un moment un scrupule timide
Perde... Mais quel bonheur nous envoie Atalide?

SCÈNE IV.

BAJAZET, ATALIDE, ACOMAT.

ACOMAT.

Ah! madame, venez avec moi vous unir.
Il se perd.

ATALIDE.

C'est de quoi je viens l'entretenir.
Mais laissez-nous : Roxane, à sa perte animée,
Veut que de ce palais la porte soit fermée.
Toutefois, Acomat, ne vous éloignez pas;
Peut-être on vous fera revenir sur vos pas.

SCÈNE V.

BAJAZET, ATALIDE.

BAJAZET.

Eh bien! c'est maintenant qu'il faut que je vous laisse.
Le ciel punit ma feinte et confond votre adresse;
Rien ne m'a pu parer contre ses derniers coups:
Il falloit ou mourir ou n'être plus à vous.
De quoi nous a servi cette indigne contrainte?
Je meurs plus tard; voilà tout le fruit de ma feinte.
Je vous l'avois prédit, mais vous l'avez voulu;
J'ai reculé vos pleurs autant que je l'ai pu.
Belle Atalide, au nom de cette complaisance,
Daignez de la sultane éviter la présence:
Vos pleurs vous trahiroient; cachez-les à ses yeux,
Et ne prolongez point de dangereux adieux.

ATALIDE.

Non, seigneur. Vos bontés pour une infortunée
Ont assez disputé contre la destinée.
Il vous en coûte trop pour vouloir m'épargner :
Il faut vous rendre; il faut me quitter et régner.

BAJAZET.

Vous quitter?

ATALIDE.

Je le veux. Je me suis consultée.
De mille soins jaloux jusqu'alors agitée,

Il est vrai, je n'ai pu concevoir sans effroi
Que Bajazet pût vivre et n'être plus à moi;
Et lorsque quelquefois de ma rivale heureuse
Je me représentois l'image douloureuse,
Votre mort (pardonnez aux fureurs des amans)
Ne me paroissoit pas le plus grand des tourmens.
Mais à mes tristes yeux votre mort préparée
Dans toute son horreur ne s'étoit pas montrée :
Je ne vous voyois pas, ainsi que je vous vois,
Prêt à me dire adieu pour la dernière fois.
Seigneur, je sais trop bien avec quelle constance
Vous allez de la mort affronter la présence;
Je sais que votre cœur se fait quelques plaisirs
De me prouver sa foi dans ses derniers soupirs :
Mais, hélas! épargnez une ame plus timide;
Mesurez vos malheurs aux forces d'Atalide;
Et ne m'exposez point aux plus vives douleurs
Qui jamais d'une amante épuisérent les pleurs.

BAJAZET.

Et que deviendrez-vous si dès cette journée
Je célébre à vos yeux ce funeste hyménée ?

ATALIDE.

Ne vous informez point ce que je deviendrai.
Peut-être à mon destin, seigneur, j'obéirai.
Que sais-je! à ma douleur je chercherai des charmes;
Je songerai peut-être au milieu de mes larmes
Qu'à vous perdre pour moi vous étiez résolu,
Que vous vivez, qu'enfin c'est moi qui l'ai voulu.

BAJAZET.

Non, vous ne verrez point cette fête cruelle.
Plus vous me commandez de vous être infidéle,
Madame, plus je vois combien vous méritez
De ne point obtenir ce que vous souhaitez.
Quoi! cet amour si tendre et né dans notre enfance,

Dont les feux avec nous ont crû dans le silence,
Vos larmes que ma main pouvoit seule arrêter,
Mes sermens redoublés de ne vous point quitter,
Tout cela finiroit par une perfidie?
J'épouserois, et qui? s'il faut que je le die,
Une esclave attachée à ses seuls intérêts,
Qui présente à mes yeux les supplices tout prêts,
Qui m'offre ou son hymen ou la mort infaillible;
Tandis qu'à mes périls Atalide sensible,
Et trop digne du sang qui lui donna le jour,
Veut me sacrifier jusques à son amour?
Ah! qu'au jaloux sultan ma tête soit portée,
Puisqu'il faut à ce prix qu'elle soit rachetée.

ATALIDE.

Seigneur, vous pourriez vivre et ne me point trahir.

BAJAZET.

Parlez. Si je le puis je suis prêt d'obéir.

ATALIDE.

La sultane vous aime : et malgré sa colère,
Si vous preniez, seigneur, plus de soin de lui plaire;
Si vos soupirs daignoient lui faire pressentir
Qu'un jour....

BAJAZET.

            Je vous entends : je n'y puis consentir.
Ne vous figurez point que dans cette journée
D'un lâche désespoir ma vertu consternée
Craigne les soins d'un trône où je pourrois monter,
Et par un prompt trépas cherche à les éviter.
J'écoute trop peut-être une imprudente audace :
Mais, sans cesse occupé des grands noms de ma race,
J'espérois que, fuyant un indigne repos,
Je prendrois quelque place entre tant de héros.
Mais, quelque ambition, quelque amour qui me brûle,
Je ne puis plus tromper une amante crédule.

En vain pour me sauver je vous l'aurois promis :
Et ma bouche et mes yeux, du mensonge ennemis,
Peut-être dans le temps que je voudrois lui plaire
Feroient par leur désordre un effet tout contraire,
Et de mes froids soupirs ses regards offensés
Verroient trop que mon cœur ne les a point poussés.
O ciel ! combien de fois je l'aurois éclaircie
Si je n'eusse à sa haine exposé que ma vie ;
Si je n'avois pas craint que ses soupçons jaloux
N'eussent trop aisément remonté jusqu'à vous !
Et j'irois l'abuser d'une fausse promesse ?
Je me parjurerois ! et par cette bassesse...
Ah ! loin de m'ordonner cet indigne détour,
Si votre cœur étoit moins plein de son amour,
Je vous verrois sans doute en rougir la première.
Mais pour vous épargner une injuste prière,
Adieu, je vais trouver Roxane de ce pas ;
Et je vous quitte.

ATALIDE.

Et moi, je ne vous quitte pas.
Venez, cruel, venez, je vais vous y conduire ;
Et de tous nos secrets c'est moi qui veux l'instruire.
Puisque, malgré mes pleurs, mon amant furieux
Se fait tant de plaisir d'expirer à mes yeux,
Roxane malgré vous nous joindra l'un et l'autre :
Elle aura plus de soif de mon sang que du vôtre ;
Et je pourrai donner à vos yeux effrayés
Le spectacle sanglant que vous me prépariez.

BAJAZET.

O ciel ! que faites-vous ?

ATALIDE.

Cruel ! pouvez-vous croire
Que je sois moins que vous jalouse de ma gloire ?
Pensez-vous que cent fois en vous faisant parler
Ma rougeur ne fût pas prête à me déceler ?

Mais on me présentoit votre perte prochaine.
Pourquoi faut-il, ingrat ! quand la mienne est certaine
Que vous n'osiez pour moi ce que j'osois pour vous ?
Peut-être il suffira d'un mot un peu plus doux :
Roxane dans son cœur peut-être vous pardonne.
Vous-même vous voyez le temps qu'elle vous donne :
A-t-elle en vous quittant fait sortir le visir ?
Des gardes à mes yeux viennent-ils vous saisir ?
Enfin, dans sa fureur implorant mon adresse,
Ses pleurs ne m'ont-ils pas découvert sa tendresse ?
Peut-être elle n'attend qu'un espoir incertain
Qui lui fasse tomber les armes de la main.
Allez, seigneur, sauvez votre vie et la mienne.

BAJAZET.

Eh bien... Mais quels discours faut-il que je lui tienne ?

ATALIDE.

Ah ! daignez sur ce choix ne me point consulter.
L'occasion, le ciel pourra vous les dicter.
Allez : entre elle et vous je ne dois point paroître ;
Votre trouble ou le mien nous feroit reconnoître.
Allez : encore un coup, je n'ose m'y trouver :
Dites... tout ce qu'il faut, seigneur, pour vous sauver.

ACTE TROISIÈME.

SCÈNE I.

ATALIDE, ZAIRE.

ATALIDE.

Zaïre, il est donc vrai, sa grâce est prononcée ?
ZAIRE.

Je vous l'ai dit, madame : une esclave empressée,
Qui couroit de Roxane accomplir le désir,
Aux portes du sérail a reçu le visir.
Ils ne m'ont point parlé ; mais mieux qu'aucun langage
Le transport du visir marquoit sur son visage
Qu'un heureux changement le rappelle au palais,
Et qu'il y vient signer une éternelle paix.
Roxane a pris sans doute une plus douce voie.
ATALIDE.

Ainsi de toutes parts les plaisirs et la joie
M'abandonnent, Zaïre, et marchent sur leurs pas.
J'ai fait ce que j'ai dû, je ne m'en repens pas.
ZAIRE.

Quoi ! madame, quelle est cette nouvelle alarme ?
ATALIDE.

Et ne t'a-t-on point dit, Zaïre, par quel charme
Ou, pour mieux dire enfin, par quel engagement
Bajazet a pu faire un si prompt changement ?
Roxane en sa fureur paroissoit inflexible ;
A-t-elle de son cœur quelque gage infaillible ?
Parle. L'épouse-t-il ?

ZAIRE.

       Je n'en ai rien appris.
Mais enfin s'il n'a pu se sauver qu'à ce prix;
S'il fait ce que vous-même avez su lui prescrire;
S'il l'épouse, en un mot...

ATALIDE.

       S'il l'épouse, Zaïre!

ZAIRE.

Quoi! vous repentez-vous des généreux discours
Que vous dictoit le soin de conserver ses jours?

ATALIDE.

Non, non; il ne fera que ce qu'il a dû faire.
Sentimens trop jaloux, c'est à vous de vous taire:
Si Bajazet l'épouse il suit mes volontés;
Respectez ma vertu qui vous a surmontés;
A ses nobles conseils ne mêlez point le vôtre;
Et, loin de me le peindre entre les bras d'une autre,
Laissez-moi sans regret me le représenter
Au trône où mon amour l'a forcé de monter.
Oui, je me reconnois, je suis toujours la même.
Je voulois qu'il m'aimât, chère Zaïre; il m'aime:
Et du moins cet espoir me console aujourd'hui
Que je vais mourir digne et contente de lui.

ZAIRE.

Mourir! Quoi! vous auriez un dessein si funeste?

ATALIDE.

J'ai cédé mon amant; tu t'étonnes du reste?
Peux-tu compter, Zaïre, au nombre des malheurs
Une mort qui prévient et finit tant de pleurs?
Qu'il vive, c'est assez. Je l'ai voulu sans doute,
Et je le veux toujours, quelque prix qu'il m'en coûte:
Je n'examine point ma joie ou mon ennui;
J'aime assez mon amant pour renoncer à lui.
Mais, hélas! il peut bien penser avec justice
Que, si j'ai pu lui faire un si grand sacrifice,

Ce cœur, qui de ses jours prend ce funeste soin,
L'aime trop pour vouloir en être le témoin.
Allons, je veux savoir....

ZAIRE.

Modérez-vous, de grâce :
On vient vous informer de tout ce qui se passe.
C'est le visir.

SCÈNE II.

ATALIDE, ACOMAT, ZAIRE.

ACOMAT.

Enfin nos amans sont d'accord,
Madame ; un calme heureux nous remet dans le port.
La sultane a laissé désarmer sa colère ;
Elle m'a déclaré sa volonté dernière ;
Et tandis qu'elle montre au peuple épouvanté
Du prophète divin l'étendard redouté,
Qu'à marcher sur mes pas Bajazet se dispose,
Je vais de ce signal faire entendre la cause,
Remplir tous les esprits d'une juste terreur,
Et proclamer enfin le nouvel empereur.
Cependant permettez que je vous renouvelle
Le souvenir du prix qu'on promit à mon zèle.
N'attendez point de moi ces doux emportemens,
Tels que j'en vois paraître au cœur de ces amans :
Mais si par d'autres soins plus dignes de mon âge,
Par de profonds respects, par un long esclavage,
Tel que nous le devons au sang de nos sultans,
Je puis....

ATALIDE.

Vous m'en pourrez instruire avec le temps ;
Avec le temps aussi vous pourrez me connoître.
Mais quels sont ces transports qu'ils vous ont fait paroître?

ACOMAT.

Madame, doutez-vous des soupirs enflammés
De deux jeunes amans l'un de l'autre charmés ?

ATALIDE.

Non : mais, à dire vrai, ce miracle m'étonne.
Et dit-on à quel prix Roxane lui pardonne ?
L'épouse-t-il enfin ?

ACOMAT.

Madame, je le croi.
Voici tout ce qui vient d'arriver devant moi.
Surpris, je l'avouerai, de leur fureur commune,
Querellant les amans, l'amour et la fortune,
J'étois de ce palais sorti désespéré.
Déjà, sur un vaisseau dans le port préparé
Chargeant de mon débris les reliques plus chères,
Je méditois ma fuite aux terres étrangères.
Dans ce triste dessein au palais rappelé,
Plein de joie et d'espoir, j'ai couru, j'ai volé.
La porte du sérail à ma voix s'est ouverte,
Et d'abord une esclave à mes yeux s'est offerte,
Qui m'a conduit sans bruit dans un appartement
Où Roxane attentive écoutoit son amant.
Tout gardoit devant eux un auguste silence :
Moi-même, résistant à mon impatience,
Et respectant de loin leur secret entretien,
J'ai long-temps immobile observé leur maintien.
Enfin avec des yeux qui découvroient son ame
L'une a tendu la main pour gage de sa flamme ;
L'autre avec des regards éloquens, pleins d'amour,
L'a de ses feux, madame, assurée à son tour.

ATALIDE.

Hélas !

ACOMAT.

Ils m'ont alors aperçu l'un et l'autre.
Voilà, m'a-t-elle dit, votre prince et le nôtre :

Je vais, brave Acomat, le remettre en vos mains.
Allez lui préparer les honneurs souverains :
Qu'un peuple obéissant l'attende dans le temple ;
Le sérail va bientôt vous en donner l'exemple.
Aux pieds de Bajazet alors je suis tombé,
Et soudain à leurs yeux je me suis dérobé,
Trop heureux d'avoir pu, par un récit fidèle,
De leur paix en passant vous conter la nouvelle,
Et m'acquitter vers vous de mes respects profonds !
Je vais le couronner, madame, et j'en réponds.

SCÈNE III.

ATALIDE, ZAIRE.

ATALIDE.

Allons, retirons-nous, ne troublons point leur joie.

ZAIRE.

Ah ! madame, croyez...

ATALIDE.

Que veux-tu que je croie ?
Quoi donc! à ce spectacle irai-je m'exposer ?
Tu vois que c'en est fait : ils se vont épouser ;
La sultane est contente, il l'assure qu'il l'aime.
Mais je ne m'en plains pas, je l'ai voulu moi-même.
Cependant croyois-tu, quand jaloux de sa foi
Il s'alloit, plein d'amour, sacrifier pour moi ;
Lorsque son cœur, tantôt m'exprimant sa tendresse,
Refusoit à Roxane une simple promesse ;
Quand mes larmes en vain tâchoient de l'émouvoir ;
Quand je m'applaudissois de leur peu de pouvoir ;
Croyois-tu que son cœur, contre toute apparence,
Pour la persuader trouvât tant d'éloquence ?
Ah ! peut-être après tout que, sans se trop forcer,

Tout ce qu'il a pu dire il a pu le penser :
Peut-être en la voyant, plus sensible pour elle,
Il a vu dans ses yeux quelque grâce nouvelle :
Elle aura devant lui fait parler ses douleurs ;
Elle l'aime ; un empire autorise ses pleurs.
Tant d'amour touché enfin une ame généreuse.
Hélas! que de raisons contre une malheureuse!

ZAIRE.

Mais ce succès, madame, est encore incertain.
Attendez.

ATALIDE.

Non, vois-tu, je le nierois en vain :
Je ne prends point plaisir à croître ma misère ;
Je sais pour se sauver tout ce qu'il a dû faire.
Quand mes pleurs vers Roxane ont rappelé ses pas,
Je n'ai point prétendu qu'il ne m'obéît pas :
Mais après les adieux que je venois d'entendre,
Après tous les transports d'une douleur si tendre,
Je sais qu'il n'a point dû lui faire remarquer
La joie et les transports qu'on vient de m'expliquer.
Toi-même juge-nous, et vois si je m'abuse.
Pourquoi de ce conseil moi seule suis-je exclue?
Au sort de Bajazet ai-je si peu de part?
A me chercher lui-même attendroit-il si tard,
N'étoit que de son cœur le trop juste reproche
Lui fait peut-être, hélas! éviter cette approche?
Mais non, je lui veux bien épargner ce souci :
Il ne me verra plus.

ZAIRE.

Madame, le voici.

III.   4

SCÈNE IV.

BAJAZET, ATALIDE, ZAÏRE.

BAJAZET.

C'en est fait, j'ai parlé, vous êtes obéie.
Vous n'avez plus, madame, à craindre pour ma vie :
Et je serois heureux si la foi, si l'honneur
Ne me reprochoient point mon injuste bonheur ;
Si mon cœur, dont le trouble en secret me condamne,
Pouvoit me pardonner aussi bien que Roxane.
Mais enfin je me vois les armes à la main :
Je suis libre, et je puis contre un frère inhumain,
Non plus par un silence aidé de vôtre adresse,
Disputer en ces lieux le cœur de sa maîtresse ;
Mais par de vrais combats, par de nobles dangers,
Moi-même le cherchant aux climats étrangers,
Lui disputer les cœurs du peuple et de l'armée,
Et pour juge entre nous prendre la renommée.
Que vois-je! Qu'avez-vous? Vous pleurez!

ATALIDE.

Non, seigneur ;
Je ne murmure point contre votre bonheur :
Le ciel, le juste ciel vous devoit ce miracle.
Vous savez si jamais j'y formai quelque obstacle :
Tant que j'ai respiré vos yeux me sont témoins
Que votre seul péril occupoit tous mes soins :
Et puisqu'il ne pouvoit finir qu'avec ma vie,
C'est sans regret aussi que je la sacrifie.
Il est vrai, si le ciel eût écouté mes vœux,
Qu'il pouvoit m'accorder un trépas plus heureux :
Vous n'en auriez pas moins épousé ma rivale,
Vous pouviez l'assurer de la foi conjugale ;
Mais vous n'auriez pas joint à ce titre d'époux

Tous ces gages d'amour qu'elle a reçus de vous.
Roxane s'estimoit assez récompensée :
Et j'aurois en mourant cette douce pensée
Que, vous ayant moi-même imposé cette loi,
Je vous ai vers Roxane envoyé plein de moi :
Qu'emportant chez les morts toute votre tendresse
Ce n'est point un amant en vous que je lui laisse.

BAJAZET.

Que parlez-vous, madame, et d'époux et d'amant?
O ciel! de ce discours quel est le fondement?
Qui peut vous avoir fait ce récit infidèle?
Moi, j'aimerois Roxane ou je vivrois pour elle,
Madame! Ah! croyez-vous que loin de le penser
Ma bouche seulement eût pu le prononcer?
Mais l'un ni l'autre enfin n'étoit point nécessaire.
La sultane a suivi son penchant ordinaire ;
Et, soit qu'elle ait d'abord expliqué mon retour
Comme un gage certain qui marquoit mon amour,
Soit que le temps trop cher la pressât de se rendre,
A peine ai-je parlé que, sans presque m'entendre,
Ses pleurs précipités ont coupé mes discours :
Elle met dans ma main sa fortune, ses jours,
Et, se fiant enfin à ma reconnoissance,
D'un hymen infaillible a formé l'espérance.
Moi-même, rougissant de sa crédulité,
Et d'un amour si tendre et si peu mérité,
Dans ma confusion, que Roxane, madame,
Attribuoit encore à l'excès de ma flamme,
Je me trouvois barbare, injuste, criminel.
Croyez qu'il m'a fallu dans ce moment cruel,
Pour garder jusqu'au bout un silence perfide,
Rappeler tout l'amour que j'ai pour Atalide.
Cependant, quand je viens après de tels efforts,
Chercher quelque secours contre tous mes remords,
Vous-même contre moi je vous vois irritée

Reprocher votre mort à mon ame agitée ;
Je vois enfin, je vois qu'en ce même moment
Tout ce que je vous dis vous touche foiblement.
Madame, finissons et mon trouble et le vôtre :
Ne nous affligeons point vainement l'un et l'autre.
Roxane n'est pas loin : laissez agir ma foi ;
J'irai, bien plus content et de vous et de moi,
Détromper son amour d'une feinte forcée
Que je n'allois tantôt déguiser ma pensée.
La voici.

ATALIDE.

Juste ciel ! où va-t-il s'exposer ?
Si vous m'aimez gardez de la désabuser.

SCÈNE V.

ROXANE, BAJAZET, ATALIDE, ZAIRE.

ROXANE.

Venez, seigneur, venez ; il est temps de paroître,
Et que tout le sérail reconnoisse son maître :
Tout ce peuple nombreux dont il est habité,
Assemblé par mon ordre, attend ma volonté.
Mes esclaves gagnés, que le reste va suivre,
Sont les premiers sujets que mon amour vous livre.
L'auriez-vous cru, madame, e! qu'un si prompt retour
Fît à tant de fureur succéder tant d'amour ?
Tantôt, à me venger fixe et déterminée,
Je jurois qu'il voyoit sa dernière journée :
A peine cependant Bajazet m'a parlé,
L'amour fit le serment, l'amour l'a violé.
J'ai cru dans son désordre entrevoir sa tendresse :
J'ai prononcé sa grâce, et j'en crois sa promesse.

BAJAZET.

Oui, je vous ai promis et j'ai donné ma foi

De n'oublier jamais tout ce que je vous doi :
J'ai juré que mes soins, ma juste complaisance
Vous répondront toujours de ma reconnoissance.
Si je puis à ce prix mériter vos bienfaits
Je vais de vos bontés attendre les effets.

SCÈNE VI.

ROXANE, ATALIDE, ZAIRE.

ROXANE.

De quel étonnement, o ciel ! suis-je frappée !
Est-ce un songe? et mes yeux ne m'ont-ils point trompée?
Quel est ce sombre accueil et ce discours glacé
Qui semble révoquer tout ce qui s'est passé?
Sur quel espoir croit-il que je me sois rendue,
Et qu'il ait regagné mon amitié perdue?
J'ai cru qu'il me juroit que jusques à la mort
Son amour me laissoit maîtresse de son sort.
Se repent-il déjà de m'avoir apaisée ?
Mais moi-même tantôt me serois-je abusée?
Ah!... Mais il vous parloit : quels étoient ses discours,
Madame?

ATALIDE.

Moi, madame! Il vous aime toujours.

ROXANE.

Il y va de sa vie, au moins, que je le croie.
Mais, de grâce, parmi tant de sujets de joie,
Répondez-moi, comment pouvez-vous expliquer
Ce chagrin qu'en sortant il m'a fait remarquer?

ATALIDE.

Madame, ce chagrin n'a point frappé ma vue.
Il m'a de vos bontés long-temps entretenue ;
Il en étoit tout plein quand je l'ai rencontré :
J'ai cru le voir sortir tel qu'il étoit entré.
Mais, madame, après tout, faut-il être surprise

Que, tout prêt d'achever cette grande entreprise,
Bajazet s'inquiète et qu'il laisse échapper
Quelque marque des soins qui doivent l'occuper?

                    ROXANE.

Je vois qu'à l'excuser votre adresse est extrême :
Vous parlez mieux pour lui qu'il ne parle lui-même.

                    ATALIDE.

Et quel autre intérêt...

                    ROXANE.

                    Madame, c'est assez :
Je conçois vos raisons mieux que vous ne pensez.
Laissez-moi : j'ai besoin d'un peu de solitude.
Ce jour me jette aussi dans quelque inquiétude.
J'ai comme Bajazet mon chagrin et mes soins,
Et je veux un moment y penser sans témoins.

SCÈNE VII.

ROXANE.

De tout ce que je vois que faut-il que je pense?
Tous deux à me tromper sont-ils d'intelligence?
Pourquoi ce changement, ce discours, ce départ?
N'ai-je pas même entre eux surpris quelque regard?
Bajazet interdit! Atalide étonnée!
O ciel! à cet affront m'auriez-vous condamnée?
De mon aveugle amour seroient-ce là les fruits?
Tant de jours douloureux, tant d'inquiètes nuits,
Mes brigues, mes complots, ma trahison fatale,
N'aurois-je tout tenté que pour une rivale?
Mais peut-être qu'aussi, trop prompte à m'affliger,
J'observe de trop près un chagrin passager :
J'impute à son amour l'effet de son caprice.
N'eût-il pas jusqu'au bout conduit son artifice?
Prêt à voir le succès de son déguisement,

Quoi! ne pouvoit-il pas feindre encore un moment?
Non, non, rassurons-nous: trop d'amour m'intimide.
Et pourquoi dans son cœur redouter Atalide?
Quel seroit son dessein? qu'a-t-elle fait pour lui?
Qui de nous deux enfin le couronne aujourd'hui?
Mais, hélas! de l'amour ignorons-nous l'empire?
Si par quelque autre charme Atalide l'attire,
Qu'importe qu'il nous doive et le sceptre et le jour?
Les bienfaits dans un cœur balancent-ils l'amour?
Et, sans chercher plus loin, quand l'ingrat me sut plaire
Ai-je mieux reconnu les bontés de son frère?
Ah! si d'une autre chaîne il n'étoit point lié
L'offre de mon hymen l'eût-il tant effrayé?
N'eût-il pas sans regret secondé mon envie?
L'eût-il refusé même aux dépens de sa vie?
Que de justes raisons... Mais qui vient me parler?
Que veut-on?

SCÈNE VIII.

ROXANE, ZATIME.

ZATIME.

Pardonnez si j'ose vous troubler :
Mais, madame, un esclave arrive de l'armée,
Et quoique sur la mer la porte fût fermée
Les gardes sans tarder l'ont ouverte à genoux
Aux ordres du sultan qui s'adressent à vous.
Mais ce qui me surprend, c'est Orcan qu'il envoie.

ROXANE.

Orcan!

ZATIME.

Oui, de tous ceux que le sultan emploie,
Orcan, le plus fidèle à servir ses desseins,
Né sous le ciel brûlant des plus noirs Africains.
Madame, il vous demande avec impatience.

Mais j'ai cru vous devoir avertir par avance ;
Et, souhaitant surtout qu'il ne vous surprît pas,
Dans votre appartement j'ai retenu ses pas.

ROXANE.

Quel malheur imprévu vient encor me confondre?
Quel peut être cet ordre, et que puis-je répondre?
Il n'en faut point douter, le sultan inquiet
Une seconde fois condamne Bajazet.
On ne peut sur ses jours sans moi rien entreprendre:
Tout m'obéit ici. Mais dois-je le défendre?
Quel est mon empereur? Bajazet? Amurat?
J'ai trahi l'un, mais l'autre est peut-être un ingrat.
Le temps presse; que faire en ce doute funeste?
Allons: employons bien le moment qui nous reste.
Ils ont beau se cacher, l'amour le plus discret
Laisse par quelque marque échapper son secret.
Observons Bajazet, étonnons Atalide:
Et couronnons l'amant ou perdons le perfide.

ACTE QUATRIÈME.

SCÈNE I.

ATALIDE, ZAIRE.

ATALIDE.

Ah! sais-tu mes frayeurs? sais-tu que dans ces lieux
J'ai vu du fier Orcan le visage odieux ?
En ce moment fatal que je crains sa venue!
Que je crains.... Mais dis-moi, Bajazet t'a-t-il vue?
Qu'a-t-il dit? se rend-il, Zaïre, à mes raisons ?
Ira-t-il voir Roxane et calmer ses soupçons ?

ZAIRE.

Il ne peut plus la voir sans qu'elle le commande :
Roxane ainsi l'ordonne, elle veut qu'il l'attende.
Sans doute à cet esclave elle veut le cacher.
J'ai feint en le voyant de ne le point chercher:
J'ai rendu votre lettre, et j'ai pris sa réponse.
Madame, vous verrez ce qu'elle vous annonce.

ATALIDE lit.

« Après tant d'injustes détours
Faut-il qu'à feindre encor votre amour me convie!
Mais je veux bien prendre soin d'une vie
Dont vous jurez que dépendent vos jours.
Je verrai la sultane, et par ma complaisance,
Par de nouveaux sermens de ma reconnoissance,
J'apaiserai si je puis son courroux.
N'exigez rien de plus. Ni la mort ni vous-même
Ne me ferez jamais prononcer que je l'aime,
Puisque jamais je n'aimerai que vous. »

Hélas! que me dit-il? Croit-il que je l'ignore?
Ne sais-je pas assez qu'il m'aime, qu'il m'adore!
Est-ce ainsi qu'à mes vœux il sait s'accommoder?
C'est Roxane et non moi qu'il faut persuader.
De quelle crainte encor me laisse-t-il saisie!
Funeste aveuglement! perfide jalousie!
Récit menteur! soupçon que je n'ai pu céler!
Falloit-il vous entendre, ou falloit-il parler?
C'étoit fait, mon bonheur surpassoit mon attente:
J'étois aimée, heureuse, et Roxane contente.
Zaïre, s il se peut retourne sur tes pas:
Qu'il l'apaise. Ces mots ne me suffisent pas:
Que sa bouche, ses yeux, tout l'assure qu'il l'aime;
Qu'elle le croie enfin. Que ne puis-je moi-même,
Échauffant par mes pleurs ses soins trop languissans,
Mettre dans ses discours tout l'amour que je sens!
Mais à d'autres périls je crains de le commettre.

ZAIRE.

Roxane vient à vous.

ATALIDE.

Ah! cachons cette lettre.

SCÈNE II.

ROXANE, ATALIDE, ZATIME, ZAIRE.

ROXANE à Zatime.

Viens. J'ai reçu cet ordre. Il faut l'intimider.

ATALIDE à Zaïre.

Va, cours, et tâche enfin de le persuader.

SCÈNE III.

ROXANE, ATALIDE, ZATIME.

ROXANE.

Madame, j'ai reçu des lettres de l'armée.

De tout ce qui s'y passe êtes-vous informée ?

ATALIDE.

On m'a dit que du camp un esclave est venu :
Le reste est un secret qui ne m'est pas connu.

ROXANE.

Amurat est heureux, la fortune est changée,
Madame, et sous ses lois Babylone est rangée.

ATALIDE.

Eh quoi, madame ! Osmin....

ROXANE.

                 Etoit mal averti :
Et depuis son départ cet esclave est parti.
C'en est fait.

ATALIDE à part.

    Quel revers!

ROXANE.

              Pour comble de disgrâces
Le sultan qui l'envoie est parti sur ses traces.

ATALIDE.

Quoi ! les Persans armés ne l'arrêtent donc pas ?

ROXANE.

Non, madame. Vers nous il revient à grands pas.

ATALIDE.

Que je vous plains, madame ! et qu'il est nécessaire
D'achever promptement ce que vous vouliez faire !

ROXANE.

Il est tard de vouloir s'opposer au vainqueur.

ATALIDE à part.

O ciel!

ROXANE.

    Le temps n'a point adouci sa rigueur.
Vous voyez dans mes mains sa volonté suprême.

ATALIDE.

Et que vous mande-t-il ?

ROXANE.

Voyez : lisez vous-même.
Vous connoissez, madame, et la lettre et le seing.

ATALIDE.

Du cruel Amurat je reconnois la main.

« Avant que Babylone éprouvât ma puissance
Je vous ai fait porter mes ordres absolus :
Je ne veux point douter de votre obéissance,
Et crois que maintenant Bajazet ne vit plus.
Je laisse sous mes lois Babylone asservie,
Et confirme en partant mon ordre souverain.
Vous, si vous avez soin de votre propre vie,
Ne vous montrez à moi que sa tête à la main. »

ROXANE.

Eh bien ?

ATALIDE à part.

Cache tes pleurs, malheureuse Atalide !

ROXANE.

Que vous semble ?

ATALIDE.

Il poursuit son dessein parricide.
Mais il pense proscrire un prince sans appui :
Il ne sait pas l'amour qui vous parle pour lui ;
Que vous et Bajazet vous ne faites qu'une ame ;
Que plutôt, s'il le faut, vous mourrez....

ROXANE.

Moi, madame ?
Je voudrois le sauver, je ne le puis haïr ;
Mais...

ATALIDE.

Quoi donc ? qu'avez-vous résolu ?

ROXANE.
                              D'obéir.
ATALIDE.

D'obéir !

ROXANE.

Et que faire en cë péril extrême ?
Il le faut.

ATALIDE.

Quoi ! ce prince aimable... qui vous aime,
Verra finir ses jours qu'il vous a destinés !

ROXANE.

Il le faut, et déjà mes ordres sont donnés.

ATALIDE.

Je me meurs.

ZATIME.

Elle tombe; et ne vit plus qu'à peine.

ROXANE.

Allez, conduisez-la dans la chambre prochaine :
Mais au moins observez ses regards, ses discours,
Tout ce qui convaincra leurs perfides amours.

SCÈNE IV.

ROXANE.

Ma rivale à mes yeux s'est enfin déclarée.
Voilà sur quelle foi je m'étois assurée !
Depuis six mois entiers j'ai cru que nuit et jour,
Ardente, elle veilloit au soin de mon amour :
Et c'est moi qui, du sien ministre trop fidèle,
Semble depuis six mois ne veiller que pour elle ;
Qui me suis appliquée à chercher les moyens
De lui faciliter tant d'heureux entretiens;
Et qui même souvent, prévenant son envie,
Ai hâté les momens les plus doux de sa vie.

Ce n'est pas tout : il faut maintenant m'éclaircir
Si dans sa perfidie elle a su réussir ;
Il faut... Mais que pourrois-je apprendre davantage ?
Mon malheur n'est-il pas écrit sur son visage ?
Vois-je pas au travers de son saisissement
Un cœur dans ses douleurs content de son amant ?
Exempte des soupçons dont je suis tourmentée,
Ce n'est que pour ses jours qu'elle est épouvantée.
N'importe : poursuivons. Elle peut comme moi
Sur des gages trompeurs s'assurer de sa foi.
Pour le faire expliquer tendons-lui quelque piége.
Mais quel indigne emploi moi-même m'imposé-je ?
Quoi donc ! à me gêner appliquant mes esprits,
J'irai faire à mes yeux éclater ses mépris ?
Lui-même il peut prévoir et tromper mon adresse.
D'ailleurs l'ordre, l'esclave et le visir me presse.
Il faut prendre parti ; l'on m'attend. Faisons mieux :
Sur tout ce que j'ai vu fermons plutôt les yeux ;
Laissons de leur amour la recherche importune ;
Poussons à bout l'ingrat, et tentons la fortune :
Voyons si, par mes soins sur le trône élevé,
Il osera trahir l'amour qui l'a sauvé,
Et si de mes bienfaits lâchement libérale
Sa main en osera couronner ma rivale.
Je saurai bien toujours retrouver le moment
De punir s'il le faut la rivale et l'amant :
Dans ma juste fureur observant le perfide,
Je saurai le surprendre avec son Atalide ;
Et, d'un même poignard les unissant tous deux,
Les percer l'un et l'autre, et moi-même après eux.
Voilà, n'en doutons point, le parti qu'il faut prendre.
Je veux tout ignorer.

SCÈNE V.

ROXANE, ZATIME.

ROXANE.

Ah ! que viens-tu m'apprendre,
Zatime, Bajazet en est-il amoureux?
Vois-tu dans ses discours qu'ils s'entendent tous deux?

ZATIME.

Elle n'a point parlé. Toujours évanouie,
Madame, elle ne marque aucun reste de vie
Que par de longs soupirs et des gémissemens,
Qu'il semble que son cœur va suivre à tous momens.
Vos femmes, dont le soin à l'envi la soulage,
Ont découvert son sein pour leur donner passage.
Moi-même, avec ardeur secondant ce dessein,
J'ai trouvé ce billet enfermé dans son sein:
Du prince votre amant j'ai reconnu la lettre,
Et j'ai cru qu'en vos mains je devois le remettre.

ROXANE.

Donne... Pourquoi frémir? et quel trouble soudain
Me glace à cet objet, et fait trembler ma main?
Il peut l'avoir écrit sans m'avoir offensée:
Il peut même... Lisons et voyons sa pensée.
« . . . . Ni la mort ni vous-même
Ne me ferez jamais prononcer que je l'aime,
Puisque jamais je n'aimerai que vous.»
Ah! de la trahison me voilà donc instruite!
Je reconnois l'appât dont ils m'avoient séduite.
Ainsi donc mon amour étoit récompensé,
Lâche, indigne du jour que je t'avois laissé!
Ah! je respire enfin, et ma joie est extrême
Que le traître une fois se soit trahi lui-même.
Libre des soins cruels où j'allois m'engager,

Ma tranquille fureur n'a plus qu'à se venger.
Qu'il meure: vengeons-nous. Courez: qu'on le saisisse;
Que la main des muets s'arme pour son supplice:
Qu'ils viennent préparer ces nœuds infortunés
Par qui de ses pareils les jours sont terminés.
Cours, Zatime; sois prompte à servir ma colère.

ZATIME.

Ah! madame!

ROXANE.

Quoi donc?

ZATIME.

Si, sans trop vous déplaire,
Dans les justes transports, madame, où je vous vois,
J'osois vous faire entendre une timide voix:
Bajazet, il est vrai, trop indigne de vivre,
Aux mains de ces cruels mérite qu'on le livre;
Mais, tout ingrat qu'il est, croyez-vous aujourd'hui
Qu'Amurat ne soit pas plus à craindre que lui?
Et qui sait si déjà quelque bouche infidèle
Ne l'a point averti de votre amour nouvelle?
Des cœurs comme le sien, vous le savez assez,
Ne se regagnent plus quand ils sont offensés.
Et la plus prompte mort, dans ce moment sévère,
Devient de leur amour la marque la plus chère.

ROXANE.

Avec quelle insolence et quelle cruauté
Ils se jouoient tous deux de ma crédulité!
Quel penchant, quel plaisir je sentois à les croire!
Tu ne remportois pas une grande victoire,
Perfide, en abusant ce cœur préoccupé,
Qui lui-même craignoit de se voir détrompé!
Moi qui de ce haut rang, qui me rendoit si fière,
Dans le sein du malheur t'ai cherché la première
Pour attacher des jours tranquilles, fortunés,
Aux périls dont tes jours étoient environnés;

19

Après tant de bonté, de soin, d'ardeurs extrêmes
Tu ne saurois jamais prononcer que tu m'aimes !
Mais dans quel souvenir me laissé-je égarer ?
Tu pleures, malheureuse ! Ah ! tu devois pleurer
Lorsque, d'un vain désir à ta perte poussée,
Tu conçus de le voir la première pensée.
Tu pleures ! et l'ingrat, tout prêt à te trahir,
Prépare les discours dont il veut t'éblouir :
Pour plaire à ta rivale il prend soin de sa vie.
Ah, traître ! tu mourras !... Quoi ! tu n'es point partie !
Va. Mais nous-même allons, précipitons nos pas :
Qu'il me voie, attentive au soin de son trépas,
Lui montrer à la fois et l'ordre de son frère
Et de sa trahison ce gage trop sincère.
Toi, Zatime, retiens ma rivale en ces lieux.
Qu'il n'ait en expirant que ses cris pour adieux.
Qu'elle soit cependant fidèlement servie ;
Prends soin d'elle : ma haine a besoin de sa vie.
Ah ! si, pour son amant facile à s'attendrir,
La peur de son trépas la fit presque mourir,
Quel surcroît de vengeance et de douceur nouvelle
De le montrer bientôt pâle et mort devant elle ;
De voir sur cet objet ses regards arrêtés
Me payer les plaisirs que je leur ai prêtés !
Va, retiens-la. Surtout garde bien le silence.
Moi... Mais qui vient ici différer ma vengeance ?

SCÈNE VI.

ROXANE, ACOMAT, OSMIN.

ACOMAT.

Que faites-vous, madame ? en quels retardemens
D'un jour si précieux perdez-vous les momens ?

Byzance, par mes soins presque entière assemblée,
Interroge ses chefs, de leur crainte troublée;
Et tous pour s'expliquer ainsi que mes amis
Attendent le signal que vous m'aviez promis.
D'où vient que, sans répondre à leur impatience,
Le sérail cependant garde un triste silence?
Déclarez-vous, madame; et, sans plus différer...

ROXANE.

Oui, vous serez content, je vais me déclarer.

ACOMAT.

Madame, quel regard et quelle voix sévère,
Malgré votre discours, m'assurent du contraire?
Quoi! déjà votre amour, des obstacles vaincu...

ROXANE.

Bajazet est un traître, et n'a que trop vécu.

ACOMAT.

Lui!

ROXANE.

Pour moi, pour vous-même également perfide,
Il nous trompoit tous deux.

ACOMAT.

Comment?

ROXANE.

Cette Atalide,
Qui même n'étoit pas un assez digne prix
De tout ce que pour lui vous avez entrepris...

ACOMAT.

Eh bien?

ROXANE.

Lisez. Jugez après cette insolence
Si nous devons d'un traître embrasser la défense.
Obéissons plutôt à la juste rigueur
D'Amurat, qui s'approche et retourne vainqueur;
Et, livrant sans regret un indigne complice,
Apaisons le sultan par un prompt sacrifice.

ACOMAT *lui rendant le billet.*

Oui, puisque jusque là l'ingrat m'ose outrager,
Moi-même, s'il le faut, je m'offre à vous venger,
Madame. Laissez-moi nous laver l'un et l'autre
Du crime que sa vie a jeté sur la nôtre.
Montrez-moi le chemin; j'y cours.

ROXANE.

Non, Acomat;
Laissez-moi le plaisir de confondre l'ingrat.
Je veux voir son désordre, et jouir de sa honte :
Je perdrois ma vengeance en la rendant si prompte.
Je vais tout préparer. Vous cependant allez
Disperser promptement vos amis assemblés.

SCÈNE VII.

ACOMAT, OSMIN.

ACOMAT.

Demeure. Il n'est pas temps, cher Osmin, que je sorte.

OSMIN.

Quoi! jusque là, seigneur, votre amour vous transporte!
N'avez-vous pas poussé la vengeance assez loin?
Voulez-vous de sa mort être encor le témoin?

ACOMAT.

Que veux-tu dire? Es-tu toi-même si crédule
Que de me soupçonner d'un courroux ridicule?
Moi jaloux! Plût au ciel qu'en me manquant de foi
L'imprudent Bajazet n'eût offensé que moi!

OSMIN.

Et pourquoi donc, seigneur, au lieu de le défendre...

ACOMAT.

Eh! la sultane est-elle en état de m'entendre?
Ne voyois-tu pas bien, quand je l'allois trouver,

Que j'allois avec lui me perdre ou me sauver ?
Ah ! de tant de conseils événement sinistre !
Prince aveugle ! ou plutôt trop aveugle ministre,
Il te sied bien d'avoir en de si jeunes mains,
Chargé d'ans et d'honneurs, confié tes desseins,
Et laissé d'un visir la fortune flottante
Suivre de ces amans la conduite imprudente !

OSMIN.

Eh ! laissez-les entre eux exercer leur courroux :
Bajazet veut périr ; seigneur, songez à vous.
Qui peut de vos desseins révéler le mystère,
Sinon quelques amis engagés à se taire ?
Vous verrez par sa mort le sultan adouci.

ACOMAT.

Roxane en sa fureur peut raisonner ainsi :
Mais moi qui vois plus loin, qui par un long usage
Des maximes du trône ai fait l'apprentissage ;
Qui, d'emplois en emplois vieilli sous trois sultans,
Ai vu de mes pareils les malheurs éclatans,
Je sais sans me flatter que de sa seule audace
Un homme tel que moi doit attendre sa grâce,
Et qu'une mort sanglante est l'unique traité
Qui reste entre l'esclave et le maître irrité.

OSMIN.

Fuyez donc.

ACOMAT.

     J'approuvois tantôt cette pensée ;
Mon entreprise alors étoit moins avancée :
Mais il m'est désormais trop dur de reculer.
Par une belle chute il faut me signaler,
Et laisser un débris du moins après ma fuite
Qui de mes ennemis retarde la poursuite.
Bajazet vit encor : pourquoi nous étonner ?
Acomat de plus loin a su le ramener.
Sauvons-le malgré lui de ce péril extrême,

Pour nous, pour nos amis, pour Roxane elle-même.
Tu vois combien son cœur, prêt à le protéger,
A retenu mon bras trop prompt à la venger.
Je connois peu l'amour, mais j'ose te répondre
Qu'il n'est pas condamné, puisqu'on veut le confondre;
Que nous avons du temps. Malgré son désespoir
Roxane l'aime encore, Osmin, et le va voir.

OSMIN.

Enfin que vous inspire une si noble audace?
Si Roxane l'ordonne il faut quitter la place :
Ce palais est tout plein...

ACOMAT.

Oui, d'esclaves obscurs,
Nourris loin de la guerre à l'ombre de ses murs.
Mais toi dont la valeur, d'Amurat oubliée,
Par de communs chagrins à mon sort s'est liée,
Voudras-tu jusqu'au bout seconder mes fureurs?

OSMIN.

Seigneur, vous m'offensez. Si vous mourez je meurs.

ACOMAT.

D'amis et de soldats une troupe hardie
Aux portes du palais attend notre sortie.
La sultane d'ailleurs se fie à mes discours ;
Nourri dans le sérail, j'en connois les détours ;
Je sais de Bajazet l'ordinaire demeure.
Ne tardons plus, marchons : et s'il faut que je meure
Mourons ; moi, cher Osmin, comme un visir, et toi
Comme le favori d'un homme tel que moi.

ACTE CINQUIÈME.

SCÈNE I.

ATALIDE.

Hélas! je cherche en vain, rien ne s'offre à ma vue.
Malheureuse! comment puis-je l'avoir perdue!
Ciel! aurois-tu permis que mon funeste amour
Exposât mon amant tant de fois en un jour?
Que pour dernier malheur cette lettre fatale
Fût encor parvenue aux yeux de ma rivale?
J'étois en ce lieu même, et ma timide main
Quand Roxane a paru l'a cachée en mon sein.
Sa présence a surpris mon ame désolée;
Ses menaces, sa voix, un ordre m'a troublée;
J'ai senti défaillir ma force et mes esprits:
Ses femmes m'entouroient quand je les ai repris;
A mes yeux étonnés leur troupe est disparue.
Ah! trop cruelles mains qui m'avez secourue,
Vous m'avez vendu cher vos secours inhumains:
Et par vous cette lettre a passé dans ses mains.
Quels desseins maintenant occupent sa pensée?
Sur qui sera d'abord sa vengeance exercée?
Quel sang pourra suffire à son ressentiment?
Ah! Bajazet est mort ou meurt en ce moment.
Cependant on m'arrête, on me tient enfermée.
On ouvre... De son sort je vais être informée.

SCÈNE II.

ROXANE, ATALIDE, ZATIME, GARDES.

ROXANE à Atalide.

Retirez-vous.

ATALIDE.

Madame... excusez l'embarras...

ROXANE.

Retirez-vous, vous dis-je, et ne répliquez pas.
Gardes, qu'on la retienne.

SCÈNE III.

ROXANE, ZATIME.

ROXANE.

Oui, tout est prêt, Zatime :
Orcan et les muets attendent leur victime.
Je suis pourtant toujours maîtresse de son sort.
Je puis le retenir ; mais s'il sort il est mort.
Vient-il ?

ZATIME.

Oui, sur mes pas un esclave l'amène ;
Et loin de soupçonner sa disgrâce prochaine
Il m'a paru, madame, avec empressement
Sortir, pour vous chercher, de son appartement.

ROXANE.

Ame lâche et trop digne enfin d'être déçue,
Peux-tu souffrir encor qu'il paroisse à ta vue ?
Crois-tu par tes discours le vaincre ou l'étonner ?
Quand même il se rendroit peux-tu lui pardonner ?
Quoi ! ne devrois-tu pas être déjà vengée ?

Ne crois-tu pas encore être assez outragée?
Sans perdre tant d'efforts sur ce cœur endurci,
Que ne le laissons-nous périr?... Mais le voici.

SCÈNE IV.

BAJAZET, ROXANE.

ROXANE.

Je ne vous ferai point des reproches frivoles;
Les momens sont trop chers pour les perdre en paroles.
Mes soins vous sont connus; en un mot, vous vivez;
Et je ne vous dirois que ce que vous savez.
Malgré tout mon amour si je n'ai pu vous plaire
Je n'en murmure point, quoiqu'à ne vous rien taire
Ce même amour peut-être et ces mêmes bienfaits
Auroient dû suppléer à mes foibles attraits:
Mais je m'étonne enfin que pour reconnoissance,
Pour prix de tant d'amour, de tant de confiance
Vous ayez si long-temps par des détours si bas
Feint un amour pour moi que vous ne sentiez pas.

BAJAZET.

Qui? moi, madame?

ROXANE.

Oui, toi. Voudrois-tu point encore
Me nier un mépris que tu crois que j'ignore?
Ne prétendrois-tu point par tes fausses couleurs
Déguiser un amour qui te retient ailleurs,
Et me jurer enfin d'une bouche perfide
Tout ce que tu ne sens que pour ton Atalide?

BAJAZET.

Atalide, madame! O ciel! qui vous a dit...

ROXANE.

Tiens, perfide, regarde, et démens cet écrit.

Je ne vous dis plus rien : cette lettre sincère
D'un malheureux amour contient tout le mystère ;
Vous savez un secret que, tout prêt à s'ouvrir,
Mon cœur a mille fois voulu vous découvrir.
J'aime, je le confesse ; et devant que votre ame,
Prévenant mon espoir, m'eût déclaré sa flamme,
Déjà plein d'un amour dès l'enfance formé,
A tout autre désir mon cœur étoit fermé.
Vous me vîntes offrir et la vie et l'empire ;
Et même votre amour, si j'ose vous le dire,
Consultant vos bienfaits les crut, et sur leur foi
De tous mes sentimens vous répondit pour moi.
Je connus votre erreur. Mais que pouvois-je faire ?
Je vis en même temps qu'elle vous étoit chère.
Combien le trône tente un cœur ambitieux !
Un si noble présent me fit ouvrir les yeux.
Je chéris, j'acceptai, sans tarder davantage,
L'heureuse occasion de sortir d'esclavage ;
D'autant plus qu'il falloit l'accepter ou périr ;
D'autant plus que vous-même, ardente à me l'offrir,
Vous ne craigniez rien tant que d'être refusée ;
Que même mes refus vous auroient exposée ;
Qu'après avoir osé me voir et me parler
Il étoit dangereux pour vous de reculer.
Cependant, je n'en veux pour témoins que vos plaintes,
Ai-je pu vous tromper par des promesses feintes ?
Songez combien de fois vous m'avez reproché
Un silence témoin de mon trouble caché :
Plus l'effet de vos soins et ma gloire étoient proches,
Plus mon cœur interdit se faisoit de reproches.
Le ciel, qui m'entendoit, sait bien qu'en même temps
Je ne m'arrêtois pas à des vœux impuissans ;
Et si l'effet enfin, suivant mon espérance,
Eût ouvert un champ libre à ma reconnoissance,

J'aurois par tant d'honneurs, par tant de dignités
Contenté votre orgueil et payé vos bontés
Que vous-même peut-être...

ROXANE.

Et que pourrois-tu faire?
Sans l'offre de ton cœur par où peux-tu me plaire?
Quels seroient de tes vœux les inutiles fruits?
Ne te souvient-il plus de tout ce que je suis?
Maîtresse du sérail, arbitre de ta vie
Et même de l'état, qu'Amurat me confie,
Sultane, et, ce qu'en vain j'ai cru trouver en toi,
Souveraine d'un cœur qui n'eût aimé que moi:
Dans ce comble de gloire où je suis arrivée,
A quel indigne honneur m'avois-tu réservée?
Traînerois-je en ces lieux un sort infortuné,
Vil rebut d'un ingrat que j'aurois couronné,
De mon rang descendue, à mille autres égale,
Ou la première esclave enfin de ma rivale?
Laissons ces vains discours; et, sans m'importuner,
Pour la dernière fois veux-tu vivre et régner?
J'ai l'ordre d'Amurat, et je puis t'y soustraire.
Mais tu n'as qu'un moment; parle.

BAJAZET.

Que faut-il faire?

ROXANE.

Ma rivale est ici: suis-moi sans différer;
Dans les mains des muets viens la voir expirer;
Et, libre d'un amour à ta gloire funeste,
Viens m'engager ta foi: le temps fera le reste.
Ta grâce est à ce prix si tu veux l'obtenir.

BAJAZET.

Je ne l'accepterois que pour vous en punir;
Que pour faire éclater aux yeux de tout l'empire
L'horreur et le mépris que cette offre m'inspire.
Mais à quelle fureur me laissant emporter

Contre ses tristes jours vais-je vous irriter !
De mes emportemens elle n'est point complice,
Ni de mon amour même et de mon injustice.
Loin de me retenir par des conseils jaloux,
Elle me conjuroit de me donner à vous.
En un mot, séparez ses vertus de mon crime.
Poursuivez, s'il le faut, un courroux légitime ;
Aux ordres d'Amurat hâtez-vous d'obéir :
Mais laissez-moi du moins mourir sans vous haïr.
Amurat avec moi ne l'a point condamnée :
Epargnez une vie assez infortunée.
Ajoutez cette grâce à tant d'autres bontés,
Madame ; et si jamais je vous fus cher....

ROXANE.

Sortez.

SCÈNE V.

ROXANE, ZATIME.

ROXANE.

Pour la dernière fois, perfide, tu m'as vue ;
Et tu vas rencontrer la peine qui t'est due.

ZATIME.

Atalide à vos pieds demande à se jeter,
Et vous prie un moment de vouloir l'écouter,
Madame. Elle vous veut faire l'aveu fidèle
D'un secret important qui vous touche plus qu'elle.

ROXANE.

Oui, qu'elle vienne. Et toi, suis Bajazet qui sort ;
Et quand il sera temps viens m'apprendre son sort.

SCÈNE VI.

ROXANE, ATALIDE.

ATALIDE.

Je ne viens plus, madame, à feindre disposée,
Tromper votre bonté si long-temps abusée.
Confuse, et digne objet de vos inimitiés,
Je viens mettre mon cœur et mon crime à vos pieds.
Oui, madame, il est vrai que je vous ai trompée :
Du soin de mon amour seulement occupée,
Quand j'ai vu Bajazet, loin de vous obéir
Je n'ai dans mes discours songé qu'à vous trahir.
Je l'aimai dès l'enfance ; et dès ce temps, madame,
J'avois par mille soins su prévenir son ame.
La sultane sa mère, ignorant l'avenir,
Hélas ! pour son malheur, se plut à nous unir.
Vous l'aimâtes depuis, plus heureux l'un et l'autre
Si, connoissant mon cœur ou me cachant le vôtre,
Votre amour de la mienne eût su se défier !
Je ne me noircis point pour le justifier.
Je jure par le ciel, qui me voit confondue,
Par ces grands Ottomans dont je suis descendue,
Et qui tous avec moi vous parlent à genoux
Pour le plus pur du sang qu'ils ont transmis en nous ;
Bajazet à vos soins tôt ou tard plus sensible,
Madame, à tant d'attraits n'étoit pas invincible.
Jalouse et toujours prête à lui représenter
Tout ce que je croyois digne de l'arrêter,
Je n'ai rien négligé, plaintes, larmes, colère,
Quelquefois attestant les mânes de sa mère ;
Ce jour même, des jours le plus infortuné,
Lui reprochant l'espoir qu'il vous avoit donné,
Et de ma mort enfin le prenant à partie,

Mon importune ardeur ne s'est point ralentie
Qu'arrachant malgré lui des gages de sa foi
Je ne sois parvenue à le perdre avec moi.
Mais pourquoi vos bontés seroient-elles lassées?
Ne vous arrêtez point à ses froideurs passées ;
C'est moi qui l'y forçai. Les nœuds que j'ai rompus
Se rejoindront bientôt quand je ne serai plus.
Quelque peine pourtant qui soit due à mon crime,
N'ordonnez pas vous-même une mort légitime,
Et ne vous montrez point à son cœur éperdu
Couverte de mon sang par vos mains répandu.
D'un cœur trop tendre encore épargnez la foiblesse;
Vous pouvez de mon sort me laisser la maîtresse ,
Madame; mon trépas n'en sera pas moins prompt.
Jouissez d'un bonheur dont ma mort vous répond;
Couronnez un héros dont vous serez chérie :
J'aurai soin de ma mort, prenez soin de sa vie.
Allez, madame, allez : avant votre retour
J'aurai d'une rivale affranchi votre amour.

ROXANE.

Je ne mérite pas un si grand sacrifice :
Je me connois, madame, et je me fais justice.
Loin de vous séparer je prétends aujourd'hui
Par des nœuds éternels vous unir avec lui :
Vous jouirez bientôt de son aimable vue.
Levez-vous. Mais que veut Zatime tout émue?

SCÈNE VII.

ROXANE, ATALIDE, ZATIME.

ZATIME.

Ah ! venez vous montrer, madame, ou désormais
Le rebelle Acomat est maître du palais:
Profanant des sultans la demeure sacrée

Ses criminels amis en ont forcé l'entrée.
Vos esclaves tremblans, dont la moitié s'enfuit,
Doutent si le visir vous sert ou vous trahit.

ROXANE.

Ah, les traîtres ! Allons, et courons le confondre.
Toi, garde ma captive, et songe à m'en répondre.

SCÈNE VIII.

ATALIDE, ZATIME.

ATALIDE.

Hélas ! pour qui mon cœur doit-il faire des vœux ?
J'ignore quel dessein les anime tous deux.
Si de tant de malheurs quelque pitié te touche,
Je ne demande point, Zatime, que ta bouche
Trahisse en ma faveur Roxane et son secret ;
Mais, de grâce, dis-moi ce que fait Bajazet.
L'as-tu vu? Pour ses jours n'ai-je encor rien à craindre?

ZATIME.

Madame, en vos malheurs je ne puis que vous plaindre.

ATALIDE.

Quoi! Roxane déjà l'a-t-elle condamné?

ZATIME.

Madame, le secret m'est surtout ordonné.

ATALIDE.

Malheureuse, dis-moi seulement s'il respire.

ZATIME.

Il y va de ma vie, et je ne puis rien dire.

ATALIDE.

Ah! c'en est trop, cruelle. Achève, et que ta main
Lui donne de ton zèle un gage plus certain ;
Perce toi-même un cœur que ton silence accable,

D'une esclave barbare esclave impitoyable :
Précipite des jours qu'elle me veut ravir ;
Montre-toi, s'il se peut, digne de la servir.
Tu me retiens en vain ; et, dès cette même heure,
Il faut que je le voie ou du moins que je meure.

SCÈNE IX.

ATALIDE, ACOMAT, ZATIME.

ACOMAT.

Ah ! que fait Bajazet ? où le puis-je trouver,
Madame ? Aurai-je encor le temps de le sauver ?
Je cours tout le sérail ; et, même dès l'entrée,
De mes braves amis la moitié séparée
A marché sur les pas du courageux Osmin ;
Le reste m'a suivi par un autre chemin.
Je cours, et je ne vois que des troupes craintives
D'esclaves effrayés, de femmes fugitives.

ATALIDE.

Ah ! je suis de son sort moins instruite que vous.
Cette esclave le sait.

ACOMAT.

Crains mon juste courroux,
Malheureuse ; réponds.

SCÈNE X.

ATALIDE, ACOMAT, ZATIME, ZAIRE.

ZAIRE.
Madame....
ATALIDE.
Eh bien, Zaïre,

Qu'est-ce ?

ZAIRE.

Ne craignez plus : votre ennemie expire.

ATALIDE.

Roxane....

ZAIRE.

Et ce qui va bien plus vous étonner,
Orcan lui-même, Orcan vient de l'assassiner.

ATALIDE.

Quoi ! lui ?

ZAIRE.

Désespéré d'avoir manqué son crime,
Sans doute il a voulu prendre cette victime.

ATALIDE.

Juste ciel, l'innocence a trouvé ton appui !
Bajazet vit encor ; visir, courez à lui.

ZAIRE.

Par la bouche d'Osmin vous serez mieux instruite :
Il a tout vu.

SCÈNE XI.

ATALIDE, ACOMAT, ZAIRE, OSMIN.

ACOMAT.

Ses yeux ne l'ont-ils point séduite ?
Roxane est-elle morte ?

OSMIN.

Oui, j'ai vu l'assassin
Retirer son poignard tout fumant de son sein.
Orcan, qui méditoit ce cruel stratagème,
La servoit à dessein de la perdre elle-même ;
Et le sultan l'avoit chargé secrètement
De lui sacrifier l'amante après l'amant.
Lui-même d'aussi loin qu'il nous a vus paroître,

« Adorez, a-t-il dit, l'ordre de votre maître :
« De son auguste seing reconnoissez les traits,
« Perfides, et sortez de ce sacré palais. »
A ce discours, laissant la sultane expirante,
Il a marché vers nous, et d'une main sanglante
Il nous a déployé l'ordre dont Amurat
Autorise ce monstre à ce double attentat.
Mais, seigneur, sans vouloir l'écouter davantage,
Transportés à la fois de douleur et de rage,
Nos bras impatiens ont puni son forfait,
Et vengé dans son sang la mort de Bajazet.

ATALIDE.

Bajazet!

ACOMAT.

　　Que dis-tu!

OSMIN.

　　　Bajazet est sans vie.
L'ignoriez-vous?

ATALIDE.

　　O ciel!

OSMIN.

　　　　Son amante en furie,
Près de ces lieux, seigneur, craignant votre secours,
Avoit au nœud fatal abandonné ses jours.
Moi-même des objets j'ai vu le plus funeste,
Et de sa vie en vain j'ai cherché quelque reste;
Bajazet étoit mort. Nous l'avons rencontré
De morts et de mourans noblement entouré,
Que, vengeant sa défaite et cédant sous le nombre,
Ce héros a forcés d'accompagner son ombre.
Mais puisque c'en est fait, seigneur, songeons à nous.

ACOMAT.

Ah! destins ennemis, où me réduisez-vous!
Je sais en Bajazet la perte que vous faites,
Madame; je sais trop qu'en l'état où vous êtes

Il ne m'appartient point de vous offrir l'appui
De quelques malheureux qui n'espéroient qu'en lui.
Saisi, désespéré d'une mort qui m'accable,
Je vais, non point sauver cette tête coupable,
Mais, redevable aux soins de mes tristes amis,
Défendre jusqu'au bout leurs jours qu'ils m'ont commis.
Pour vous, si vous voulez qu'en quelque autre contrée
Nous allions confier votre tête sacrée,
Madame, consultez : maîtres de ce palais,
Mes fidèles amis attendront vos souhaits;
Et moi, pour ne point perdre un temps si salutaire,
Je cours où ma présence est encor nécessaire,
Et jusqu'au pied des murs que la mer vient laver
Sur mes vaisseaux tout prêts je viens vous retrouver.

SCÈNE XII.

ATALIDE, ZAIRE.

ATALIDE.

Enfin c'en est donc fait, et par mes artifices,
Mes injustes soupçons, mes funestes caprices,
Je suis donc arrivée au douloureux moment
Où je vois par mon crime expirer mon amant!
N'étoit-ce pas assez, cruelle destinée,
Qu'à lui survivre, hélas ! je fusse condamnée?
Et falloit-il encor que, pour comble d'horreurs,
Je ne pusse imputer sa mort qu'à mes fureurs!
Oui, c'est moi, cher amant, qui t'arrache la vie;
Roxane ou le sultan ne te l'ont point ravie;
Moi seule j'ai tissu le lien malheureux
Dont tu viens d'éprouver les détestables nœuds.
Et je puis sans mourir en souffrir la pensée,
Moi qui n'ai pu tantôt, de ta mort menacée,
Retenir mes esprits prompts à m'abandonner!

Ah n'ai-je eu de l'amour que pour t'assassiner !
Mais c'en est trop il faut par un prompt sacrifice
Que ma fidèle main te venge et me punisse.
Vous de qui j'ai troublé la gloire et le repos,
Héros, qui deviez tous revivre en ce héros ;
Toi, mère malheureuse, et qui dès notre enfance
Me confias son cœur dans une autre espérance,
Infortuné visir, amis désespérés,
Roxane, venez tous, contre moi conjurés,
Tourmenter à la fois une amante éperdue,
Et prenez la vengeance enfin qui vous est due.

(Elle se tue.)

ZAIRE.

Ah madame !... Elle expire. O ciel ! en ce malheur
Que ne puis-je avec elle expirer de douleur !

FIN DE BAJAZET.

MITHRIDATE,

TRAGÉDIE.

(1673.)

PERSONNAGES.

MITHRIDATE, roi de Pont et de quantité d'autres royaumes.

MONIME, accordée avec Mithridate et déjà déclarée reine.

PHARNACE, } fils de Mithridate, mais de différen-
XIPHARÈS, } tes mères.

ARBATE, confident de Mithridate et gouverneur de la place de Nymphée.

PHOEDIME, confidente de Monime.

ARCAS, domestique de Mithridate.

GARDES.

La scène est à Nymphée, port de mer sur le Bosphore Cimmérien, dans la Chersonèse Taurique.

MITHRIDATE,

TRAGÉDIE.

ACTE PREMIER.

SCÈNE I.

XIPHARÈS, ARBATE.

XIPHARÈS.

On nous faisoit, Arbate, un fidèle rapport :
Rome en effet triomphe, et Mithridate est mort.
Les Romains vers l'Euphrate ont attaqué mon père,
Et trompé dans la nuit sa prudence ordinaire.
Après un long combat tout son camp dispersé
Dans la foule des morts en fuyant l'a laissé ;
Et j'ai su qu'un soldat dans les mains de Pompée
Avec son diadème a remis son épée.
Ainsi ce roi qui seul a durant quarante ans
Lassé tout ce que Rome eut de chefs importans,
Et qui, dans l'Orient balançant la fortune,
Vengeoit de tous les rois la querelle commune,
Meurt et laisse après lui pour venger son trépas
Deux fils infortunés qui ne s'accordent pas.

ARBATE.

Vous, seigneur ! Quoi ! l'ardeur de régner en sa place
Rend déjà Xipharès ennemi de Pharnace ?

XIPHARÈS.

Non, je ne prétends point, cher Arbate, à ce prix
D'un malheureux empire acheter le débris.
Je sais en lui des ans respecter l'avantage,

Et, content des états marqués pour mon partage,
Je verrai sans regret tomber entre ses mains
Tout ce que lui promet l'amitié des Romains.

ARBATE.

L'amitié des Romains ! le fils de Mithridate,
Seigneur ! Est-il bien vrai ?

XIPHARÈS.

             N'en doute point, Arbate.
Pharnace, dès long-temps tout romain dans le cœur,
Attend tout maintenant de Rome et du vainqueur :
Et moi, plus que jamais à mon père fidèle,
Je conserve aux Romains une haine immortelle.
Cependant et ma haine et ses préventions
Sont les moindres sujets de nos divisions.

ARBATE.

Et quel autre intérêt contre lui vous anime ?

XIPHARÈS.

Je m'en vais t'étonner. Cette belle Monime,
Qui du roi notre père attira tous les vœux,
Dont Pharnace après lui se déclare amoureux....

ARBATE.

Eh bien, seigneur ?

XIPHARÈS.

          Je l'aime, et ne veux plus m'en taire
Puisqu'enfin pour rival je n'ai plus que mon frère.
Tu ne t'attendois pas sans doute à ce discours :
Mais ce n'est point, Arbate, un secret de deux jours ;
Cet amour s'est long-temps accru dans le silence.
Que n'en puis-je à tes yeux marquer la violence,
Et mes premiers soupirs, et mes derniers ennuis !
Mais en l'état funeste où nous sommes réduits
Ce n'est guère le temps d'occuper ma mémoire
A rappeler le cours d'une amoureuse histoire.
Qu'il te suffise donc, pour me justifier,
Que je vis, que j'aimai la reine le premier ;

Que mon père ignoroit jusqu'au nom de Monime
Quand je conçus pour elle un amour légitime.
Il la vit : mais au lieu d'offrir à ses beautés
Un hymen et des vœux dignes d'être écoutés,
Il crut que, sans prétendre une plus haute gloire,
Elle lui céderoit une indigne victoire.
Tu sais par quels efforts il tenta sa vertu,
Et que, lassé d'avoir vainement combattu,
Absent, mais toujours plein de son amour **extrême**,
Il lui fit par tes mains porter son diadème.
Juge de mes douleurs quand des bruits trop certains
M'annoncèrent du roi l'amour et les desseins;
Quand je sus qu'à son lit Monime réservée
Avoit pris avec toi le chemin de Nymphée.
Hélas! ce fut encor dans ce temps odieux
Qu'aux offres des Romains ma mère ouvrit les yeux.
Ou pour venger sa foi par cet hymen trompée,
Ou ménageant pour moi la faveur de Pompée,
Elle trahit mon père, et rendit aux Romains
La place et les trésors confiés en ses mains.
Quel devins-je au récit du crime de ma mère!
Je ne regardai plus mon rival dans mon père ;
J'oubliai mon amour par le sien traversé :
Je n'eus devant les yeux que mon père offensé.
J'attaquai les Romains ; et ma mère éperdue
Me vit, en reprenant cette place rendue,
A mille coups mortels contre eux me dévouer,
Et chercher en mourant à la désavouer.
L'Euxin depuis ce temps fut libre et l'est encore ;
Et des rives de Pont aux rives du Bosphore
Tout reconnut mon père, et ses heureux vaisseaux
N'eurent plus d'ennemis que les vents et les eaux.
Je voulois faire plus : je prétendois, Arbate,
Moi-même à son secours m'avancer vers l'Euphrate.
Je fus soudain frappé du bruit de son trépas.

Au milieu de mes pleurs, je ne le cèle pas,
Monime, qu'en les mains mon père avoit laissée,
Avec tous ses attraits revint en ma pensée.
Que dis-je! en ce malheur je tremblai pour ses jours;
Je redoutai du roi les cruelles amours:
Tu sais combien de fois ses jalouses tendresses
Ont pris soin d'assurer la mort de ses maîtresses.
Je volai vers Nymphée, et mes tristes regards
Rencontrèrent Pharnace au pied de ses remparts.
J'en conçus, je l'avoue, un présage funeste.
Tu nous reçus tous deux, et tu sais tout le reste.
Pharnace, en ses desseins toujours impétueux,
Ne dissimula point ses vœux présomptueux:
De mon père à la reine il conta la disgrâce,
L'assura de sa mort, et s'offrit en sa place.
Comme il le dit, Arbate, il veut l'exécuter.
Mais enfin à mon tour je prétends éclater.
Autant que mon amour respecta la puissance
D'un père à qui je fus dévoué dès l'enfance,
Autant ce même amour, maintenant révolté,
De ce nouveau rival brave l'autorité.
Ou Monime, à ma flamme elle-même contraire,
Condamnera l'aveu que je prétends lui faire;
Ou bien, quelque malheur qu'il en puisse avenir,
Ce n'est que par ma mort qu'on la peut obtenir.
Voilà tous les secrets que je voulois t'apprendre.
C'est à toi de choisir quel parti tu dois prendre;
Qui des deux te paroît plus digne de ta foi,
L'esclave des Romains ou le fils de ton roi.
Fier de leur amitié, Pharnace croit peut-être
Commander dans Nymphée et me parler en maître.
Mais ici mon pouvoir ne connoît point le sien:
Le Pont est son partage, et Colchos est le mien;
Et l'on sait que toujours la Colchide et ses princes
Ont compté ce Bosphore au rang de leurs provinces.

ARBATE.

Commandez-moi, seigneur. Si j'ai quelque pouvoir,
Mon choix est déjà fait, je ferai mon devoir :
Avec le même zèle, avec la même audace
Que je servois le père, et gardois cette place
Et contre votre frère et même contre vous,
Après la mort du roi je vous sers contre tous.
Sans vous ne sais-je pas que ma mort assurée
De Pharnace en ces lieux alloit suivre l'entrée ?
Sais-je pas que mon sang par ses mains répandu
Eût souillé ce rempart contre lui défendu ?
Assurez-vous du cœur et du choix de la reine :
Du reste, ou mon crédit n'est plus qu'une ombre vaine,
Ou Pharnace, laissant le Bosphore en vos mains,
Ira jouir ailleurs des bontés des Romains.

XIPHARÈS.

Que ne devrai-je point à cette ardeur extrême !
Mais on vient. Cours, ami. C'est Monime elle-même.

SCÈNE II.

MONIME, XIPHARÈS.

MONIME.

Seigneur, je viens à vous : car enfin aujourd'hui
Si vous m'abandonnez quel sera mon appui ?
Sans parens, sans amis, désolée et craintive,
Reine long-temps de nom, mais en effet captive,
Et veuve maintenant sans avoir eu d'époux,
Seigneur, de mes malheurs ce sont là les plus doux.
Je tremble à vous nommer l'ennemi qui m'opprime :
J'espère toutefois qu'un cœur si magnanime
Ne sacrifiera point les pleurs des malheureux
Aux intérêts du sang qui vous unit tous deux.

Vous devez à ces mots reconnoître Pharnace.
C'est lui, seigneur, c'est lui dont la coupable audace
Veut, la force à la main, m'attacher à son sort
Par un hymen pour moi plus cruel que la mort.
Sous quel astre ennemi faut-il que je sois née !
Au joug d'un autre hymen sans amour destinée,
A peine je suis libre et goûte quelque paix
Qu'il faut que je me livre à tout ce que je hais.
Peut-être je devrois, plus humble en ma misère,
Me souvenir du moins que je parle à son frère :
Mais, soit raison, destin, soit que ma haine en lui
Confonde les Romains, dont il cherche l'appui,
Jamais hymen formé sous le plus noir auspice
De l'hymen que je crains n'égala le supplice.
Et si Monime en pleurs ne vous peut émouvoir,
Si je n'ai plus pour moi que mon seul désespoir,
Au pied du même autel où je suis attendue,
Seigneur, vous me verrez, à moi-même rendue,
Percer ce triste cœur qu'on veut tyranniser,
Et dont jamais encor je n'ai pu disposer.

XIPHARÈS.

Madame, assurez-vous de mon obéissance ;
Vous avez dans ces lieux une entière puissance.
Pharnace ira s'il veut se faire craindre ailleurs.
Mais vous ne savez pas encor tous vos malheurs.

MONIME.

Et quel nouveau malheur peut affliger Monime,
Seigneur ?

XIPHARÈS.

Si vous aimer c'est faire un si grand crime,
Pharnace n'en est pas seul coupable aujourd'hui ;
Et je suis mille fois plus criminel que lui.

MONIME.

Vous !

XIPHARÈS.

Mettez ce malheur au rang des plus funestes;
Attestez s'il le faut les puissances célestes
Contre un sang malheureux né pour vous tourmenter,
Père, enfans, animés à vous persécuter :
Mais, avec quelque ennui que vous puissiez apprendre
Cet amour criminel qui vient de vous surprendre,
Jamais tous vos malheurs ne sauroient approcher
Des maux que j'ai soufferts en le voulant cacher.
Ne croyez point pourtant que, semblable à Pharnace,
Je vous serve aujourd'hui pour me mettre en sa place:
Vous voulez être à vous, j'en ai donné ma foi,
Et vous ne dépendrez ni de lui ni de moi.
Mais quand je vous aurai pleinement satisfaite,
En quels lieux avez-vous choisi votre retraite?
Sera-ce loin, madame, ou près de mes états?
Me sera-t-il permis d'y conduire vos pas?
Verrez-vous d'un même œil le crime et l'innocence?
En fuyant mon rival fuirez-vous ma présence?
Pour prix d'avoir si bien secondé vos souhaits
Faudra-t-il me résoudre à ne vous voir jamais?

MONIME.

Ah! que m'apprenez-vous !

XIPHARÈS.

Eh quoi ! belle Monime,
Si le temps peut donner quelque droit légitime,
Faut-il vous dire ici que le premier de tous
Je vous vis, je formai le dessein d'être à vous,
Quand vos charmes naissans, inconnus à mon père,
N'avoient encor paru qu'aux yeux de votre mère?
Ah! si par mon devoir forcé de vous quitter
Tout mon amour alors ne put pas éclater,
Ne vous souvient-il plus, sans compter tout le reste,
Combien je me plaignis de ce devoir funeste.
Ne vous souvient-il plus, en quittant vos beaux yeux,

Quelle vive douleur attendrit mes adieux?
Je m'en souviens tout seul : avouez-le, madame,
Je vous rappelle un songe effacé de votre ame.
Tandis que loin de vous, sans espoir de retour,
Je nourrissois encore un malheureux amour,
Contente et résolue à l'hymen de mon père,
Tous les malheurs du fils ne vous affligeoient guère.

MONIME.

Hélas!

XIPHARÈS.

Avez-vous plaint un moment mes ennuis?

MONIME

Prince... n'abusez point de l'état où je suis.

XIPHARÈS.

En abuser, ô ciel! quand je cours vous défendre,
Sans vous demander rien, sans oser rien prétendre;
Que vous dirois-je enfin? lorsque je vous promets
De vous mettre en état de ne me voir jamais!

MONIME.

C'est me promettre plus que vous ne sauriez faire.

XIPHARÈS.

Quoi! malgré mes sermens vous croyez le contraire?
Vous croyez qu'abusant de mon autorité
Je prétends attenter à votre liberté?
On vient, madame, on vient: expliquez-vous; de grâce,
Un mot.

MONIME.

Défendez-moi des fureurs de Pharnace:
Pour me faire, seigneur, consentir à vous voir
Vous n'aurez pas besoin d'un injuste pouvoir.

XIPHARÈS.

Ah! madame.

MONIME.

Seigneur, vous voyez votre frère.

SCÈNE III.

MONIME, PHARNACE, XIPHARÈS.

PHARNACE.

Jusques à quand, madame, attendrez-vous mon père?
Des témoins de sa mort viennent à tous momens
Condamner votre doute et vos retardemens.
Venez, fuyez l'aspect de ce climat sauvage,
Qui ne parle à vos yeux que d'un triste esclavage.
Un peuple obéissant vous attend à genoux
Sous un ciel plus heureux et plus digne de vous :
Le Pont vous reconnoît dès long-temps pour sa reine;
Vous en portez encor la marque souveraine,
Et ce bandeau royal fut mis sur votre front
Comme un gage assuré de l'empire de Pont.
Maître de cet état que mon père me laisse,
Madame, c'est à moi d'accomplir sa promesse.
Mais il faut, croyez-moi, sans attendre plus tard,
Ainsi que notre hymen presser notre départ ;
Nos intérêts communs et mon cœur le demandent.
Prêts à vous recevoir, mes vaisseaux vous attendent,
Et du pied de l'autel vous y pouvez monter,
Souveraine des mers qui vous doivent porter.

MONIME.

Seigneur, tant de bontés ont lieu de me confondre.
Mais puisque le temps presse et qu'il faut vous répondre,
Puis-je, laissant la feinte et les déguisemens,
Vous découvrir ici mes secrets sentimens ?

PHARNACE.

Vous pouvez tout.

MONIME.

Je crois que je vous suis connue.

Ephése est mon pays : mais je suis descendue
D'aïeux ou rois, seigneur, ou héros qu'autrefois
Leur vertu chèz les Grecs mit au dessus des rois.
Mithridate me vit ; Ephése et l'Ionie
A son heureux empire étoit alors unie :
Il daigna m'envoyer ce gage de sa foi.
Ce fut pour ma famille une suprême loi :
Il fallut obéir. Esclave couronnée,
Je partis pour l'hymen où j'étois destinée.
Le roi, qui m'attendoit au sein de ses états,
Vit emporter ailleurs ses desseins et ses pas,
Et tandis que la guerre occupoit son courage
M'envoya dans ces lieux éloignés de l'orage.
J'y vins, j'y suis encor. Mais cependant, seigneur,
Mon pére paya cher ce dangereux honneur ;
Et les Romains vainqueurs pour premiére victime
Prirent Philopœmen, le pére de Monime.
Sous ce titre funeste il se vit immoler :
Et c'est de quoi, seigneur, j'ai voulu vous parler.
Quelque juste fureur dont je sois animée,
Je ne puis point à Rome opposer une armée ;
Inutile témoin de tous ses attentats,
Je n'ai pour me venger ni sceptre ni soldats :
Enfin je n'ai qu'un cœur. Tout ce que je puis faire
C'est de garder la foi que je dois à mon pére,
De ne point dans son sang aller trémper mes mains
En épousant en vous l'allié des Romains.

PHARNACE.

Que parlez-vous de Rome et de son alliance ?
Pourquoi tout ce discours et cette défiance ?
Qui vous dit qu'avec eux je prétends m'allier ?

MONIME

Mais vous-même, seigneur, pouvez-vous le nier ?
Comment m'offrirez-vous l'entrée et la couronne
D'un pays que partout leur armée environne,

Si le traité secret qui vous lie aux Romains
Ne vous en assuroit l'empire et les chemins ?

PHARNACE.

De mes intentions je pourrois vous instruire;
Et je sais les raisons que j'aurois à vous dire
Si, laissant en effet les vains déguisemens,
Vous m'aviez expliqué vos secrets sentimens.
Mais enfin je commence après tant de traverses,
Madame, à rassembler vos excuses diverses;
Je crois voir l'intérêt que vous voulez céler,
Et qu'un autre qu'un pére ici vous fait parler.

XIPHARÈS.

Quel que soit l'intérêt qui fait parler la reine,
La réponse, seigneur, doit-elle être incertaine ?
Et contre les Romains votre ressentiment
Doit-il pour éclater balancer un moment ?
Quoi ! nous aurons d'un pére entendu la disgrâce;
Et, lents à le venger, prompts à remplir sa place,
Nous mettrons notre honneur et son sang en oubli !
Il est mort : savons-nous s'il est enseveli ?
Qui sait si, dans le temps que votre ame empressée,
Forme d'un doux hymen l'agréable pensée,
Ce roi, que l'Orient tout plein de ses exploits
Peut nommer justement le dernier de ses rois,
Dans ses propres états privé de sépulture.
Ou couché sans honneur dans une foule obscure,
N'accuse point le ciel qui le laisse outrager
Et deux indignes fils qui n'osent le venger ?
Ah ! ne languissons plus dans un coin du Bosphore :
Si dans tout l'univers quelque roi libre encore,
Parthe, scythe, ou sarmate, aime sa liberté,
Voilà nos alliés ; marchons de ce côté.
Vivons ou périssons dignes de Mithridate,
Et songeons bien plutôt, quelque amour qui nous flatte,

A défendre du joug et nous et nos états
Qu'à contraindre des cœurs qui ne se donnent pas.

PHARNACE.

Il sait vos sentimens. Me trompois-je, madame ?
Voilà cet intérêt si puissant sur votre ame,
Ce père, ces Romains que vous me reprochez.

XIPHARÈS.

J'ignore de son cœur les sentimens cachés ;
Mais je m'y soumettrois sans vouloir rien prétendre
Si comme vous, seigneur, je croyois les entendre.

PHARNACE.

Vous feriéz bien ; et moi je fais ce que je doi.
Votre exemple n'est pas une régle pour moi.

XIPHARÈS.

Toutefois en ces lieux je ne connois personne
Qui ne doive imiter l'exemple que je donne.

PHARNACE.

Vous pourriez à Colchos vous expliquer ainsi.

XIPHARÈS.

Je le puis à Colchos, et je le puis ici.

PHARNACE.

Ici vous y pourriez rencontrer votre perte.

SCÈNE IV.

MONIME, PHARNACE, XIPHARÈS, PHOEDIME.

PHOEDIME.

Princes, toute la mer est de vaisseaux couverte ;
Et bientôt, démentant le faux bruit de sa mort,
Mithridate lui-même arrive dans le port.

MONIME,

Mithridate !

XIPHARÈS.

Mon père !

PHARNACE.

Ah ! que viens-je d'entendre !

PHOEDIME.

Quelques vaisseaux légers sont venus nous l'apprendre :
C'est lui-même ; et déjà, pressé de son devoir,
Arbate loin du bord l'est allé recevoir.

XIPHARÈS à Monime.

Qu'avons-nous fait !

MONIME, à Xipharès.

Adieu, prince. Quelle nouvelle !

SCÈNE V.

PHARNACE, XIPHARÈS.

PHARNACE à part.

Mithridate revient ! Ah ! fortune cruelle !
Ma vie et mon amour tous deux courent hasard.
Les Romains que j'attends arriveront trop tard :
Comment faire ?

(A Xipharès.)

J'entends que votre cœur soupire,
Et j'ai conçu l'adieu qu'elle vient de vous dire,
Prince, mais ce discours demande un autre temps ;
Nous avons aujourd'hui des soins plus importans.
Mithridate revient peut-être inexorable :
Plus il est malheureux, plus il est redoutable ;
Le péril est pressant plus que vous ne pensez.
Nous sommes criminels, et vous le connoissez :
Rarement l'amitié désarme sa colère ;
Ses propres fils n'ont point de juge plus sévère ;
Et nous l'avons vu même à ses cruels soupçons

Sacrifier deux fils pour de moindres raisons.
Craignons pour vous, pour moi, pour la reine elle-même :
Je la plains d'autant plus que Mithridate l'aime :
Amant avec transport, mais jaloux sans retour,
Sa haine va toujours plus loin que son amour.
Ne vous assurez point sur l'amour qu'il vous porte :
Sa jalouse fureur n'en sera que plus forte.
Songez-y. Vous avez la faveur des soldats,
Et j'aurai des secours que je n'explique pas.
M'en croirez-vous ? courons assurer notre grâce :
Rendons-nous, vous et moi, maîtres de cette place ;
Et faisons qu'à ses fils il ne puisse dicter
Que les conditions qu'ils voudront accepter.

XIPHARÈS.

Je sais quel est mon crime, et je connois mon père ;
Et j'ai pardessus vous le crime de ma mère :
Mais quelque amour encor qui me pût éblouir,
Quand mon père paroît je ne sais qu'obéir.

PHARNACE.

Soyons-nous donc au moins fidèles l'un à l'autre :
Vous savez mon secret, j'ai pénétré le vôtre.
Le roi, toujours fertile en dangereux détours,
S'armera contre nous de nos moindres discours :
Vous savez sa coutume, et sous quelles tendresses
Sa haine sait cacher ses trompeuses adresses.
Allons ; puisqu'il le faut je marche sur vos pas.
Mais en obéissant ne nous trahissons pas.

ACTE SECOND.

SCÈNE I.

MONIME, PHŒDIME.

PHŒDIME.

Quoi! vous êtes ici quand Mithridate arrive!
Quand pour le recevoir chacun court sur la rive!
Que faites-vous, madame? et quel ressouvenir
Tout à coup vous arrête et vous fait revenir?
N'offenserez-vous point un roi qui vous adore,
Qui presque votre époux...

MONIME.

Il ne l'est pas encore,
Phœdime; et jusque là je crois que mon devoir
Est de l'attendre ici sans l'aller recevoir.

PHŒDIME.

Mais ce n'est point, madame, un amant ordinaire.
Songez qu'à ce grand roi promise par un père
Vous avez de ses feux un gage solennel
Qu'il peut quand il voudra confirmer à l'autel:
Croyez-moi, montrez-vous; venez à sa rencontre.

MONIME.

Regarde en quel état tu veux que je me montre:
Vois ce visage en pleurs; et loin de le chercher,
Dis-moi plutôt, dis-moi que je m'aille cacher.

PHŒDIME.

Que dites-vous! O dieux!

MONIME.

Ah! retour qui me tue!

Malheureuse, comment paroîtrai-je à sa vue,
Son diadème au front, et dans le fond du cœur,
Phœdime... Tu m'entends, et tu vois ma rougeur.

PHŒDIME.

Ainsi vous retombez dans les mêmes alarmes
Qui vous ont dans la Grèce arraché tant de larmes,
Et toujours Xipharès revient vous traverser.

MONIME.

Mon malheur est plus grand que tu ne peux penser :
Xipharès ne s'offroit alors à ma mémoire
Que tout plein de vertus, que tout brillant de gloire :
Et je ne savois pas que, pour moi plein de feux,
Xipharès des mortels fût le plus amoureux.

PHŒDIME.

Il vous aime, madame ? Et ce héros aimable...

MONIME.

Est aussi malheureux que je suis misérable.
Il m'adore, Phœdime ; et les mêmes douleurs
Qui m'affligeoient ici le tourmentoient ailleurs.

PHŒDIME.

Sait-il en sa faveur jusqu'où va votre estime ?
Sait-il que vous l'aimez ?

MONIME.

       Il l'ignore, Phœdime.
Les dieux m'ont secourue, et mon cœur affermi
N'a rien dit ou du moins n'a parlé qu'à demi.
Hélas ! si tu savois pour garder le silence
Combien ce triste cœur s'est fait de violence,
Quels assauts, quels combats j'ai tantôt soutenus !
Phœdime, si je puis je ne le verrai plus :
Malgré tous les efforts que je pourrois me faire,
Je verrois ses douleurs, je ne pourrois me taire.
Il viendra malgré moi m'arracher cet aveu :
Mais n'importe, s'il m'aime il en jouira peu ;

Je lui vendrai si cher ce bonheur qu'il ignore
Qu'il vaudroit mieux pour lui qu'il l'ignorât encore.

PHOEDIME.

On vient. Que faites-vous, madame ?

MONIME.

Je ne puis:

Je ne paroîtrai point dans le trouble où je suis.

SCÈNE II.

MITHRIDATE, PHARNACE, XIPHARÈS, ARBATE, GARDES.

MITHRIDATE.

Princes, quelques raisons que vous me puissiez dire,
Votre devoir ici n'a point dû vous conduire,
Ni vous faire quitter, en de si grands besoins,
Vous le Pont, vous Colchos, confiés à vos soïns.
Mais vous avez pour juge un père qui vous aime.
Vous avez cru des bruits que j'ai semés moi-même:
Je vous crois innocens puisque vous le voulez,
Et je rends grâce au ciel qui nous a rassemblés.
Tout vaincu que je suis et voisin du naufrage,
Je médite un dessein digne de mon courage.
Vous en serez tantôt instruits plus amplement.
Allez, et laissez-moi reposer un moment.

SCÈNE III.

MITHRIDATE, ARBATE.

MITHRIDATE.

Enfin après un an tu me revois, Arbate,
Non plus comme autrefois cet heureux Mithridate
Qui, de Rome toujours balançant le destin,
Tenoit entre elle et moi l'univers incertain :

Je suis vaincu. Pompée a saisi l'avantage
D'une nuit qui laissoit peu de place au courage:
Mes soldats presque nus, dans l'ombre intimidés,
Les rangs de toutes parts mal pris et mal gardés,
Le désordre partout redoublant les alarmes,
Nous-mêmes contre nous tournant nos propres armes,
Les cris que les rochers renvoyoient plus affreux,
Enfin toute l'horreur d'un combat ténébreux;
Que pouvoit la valeur dans ce trouble funeste?
Les uns sont morts, la fuite a sauvé tout le reste;
Et je ne dois la vie, en ce commun effroi,
Qu'au bruit de mon trépas que je laisse après moi.
Quelque temps inconnu, j'ai traversé le Phase,
Et de là, pénétrant jusqu'au pied du Caucase,
Bientôt dans des vaisseaux sur l'Euxin préparés
J'ai rejoint de mon camp les restes séparés.
Voilà par quels malheurs poussé dans le Bosphore
J'y trouve des malheurs qui m'attendoient encore.
Toujours du même amour tu me vois enflammé :
Ce cœur nourri de sang et de guerre affamé,
Malgré le faix des ans et du sort qui m'opprime,
Traîne partout l'amour qui l'attache à Monime,
Et n'a point d'ennemis qui lui soient odieux
Plus que deux fils ingrats que je trouve en ces lieux.

ARBATE.

Deux fils, seigneur!

MITHRIDATE.

Ecoute. A travers ma colère
Je veux bien distinguer Xipharès de son frère.
Je sais que, de tout temps à mes ordres soumis,
Il haït autant que moi nos communs ennemis,
Et j'ai vu sa valeur, à me plaire attachée,
Justifier pour lui ma tendresse cachée.
Je sais même, je sais avec quel désespoir,
A tout autre intérêt préférant son devoir,

Il courut démentir une mère infidèle,
Et tira de son crime une gloire nouvelle ;
Et je ne puis encor ni n'oserois penser
Que ce fils si fidèle ait voulu m'offenser.
Mais tous deux en ces lieux que pouvoient-ils attendre ?
L'un et l'autre à la reine ont-ils osé prétendre ?
Avec qui semble-t-elle en secret s'accorder ?
Moi-même de quel œil dois-je ici l'aborder ?
Parle. Quelque désir qui m'entraîne auprès d'elle,
Il me faut de leurs cœurs rendre un compte fidèle.
Qu'est-ce qui s'est passé ? qu'as-tu vu ? que sais-tu ?
Depuis quel temps, pourquoi, comment t'es-tu rendu ?

ARBATE.

Seigneur, depuis huit jours l'impatient Pharnace
Aborda le premier au pied de cette place,
Et, de votre trépas autorisant le bruit,
Dans ces murs aussitôt voulut être introduit.
Je ne m'arrêtai point à ce bruit téméraire ;
Et je n'écoutois rien si le prince son frère
Bien moins par ses discours, seigneur, que par ses pleurs
Ne m'eût en arrivant confirmé vos malheurs.

MITHRIDATE.

Enfin que firent-ils ?

ARBATE.

Pharnace entroit à peine
Qu'il courut de ses feux entretenir la reine,
Et s'offrit d'assurer par un hymen prochain
Le bandeau qu'elle avoit reçu de votre main.

MITHRIDATE.

Traître ! sans lui donner le loisir de répandre
Les pleurs que son amour auroit dus à ma cendre !
Et son frère ?

ARBATE.

Son frère, au moins jusqu'à ce jour,
Seigneur, dans ses desseins n'a point marqué d'amour,

Et toujours avec vous son cœur d'intelligence
N'a semblé respirer que guerre et que vengeance.

MITHRIDATE.

Mais encor quel dessein le conduisoit ici?

ARBATE.

Seigneur, vous en serez tôt ou tard éclairci.

MITHRIDATE.

Parle, je te l'ordonne, et je veux tout apprendre.

ARBATE.

Seigneur, jusqu'à ce jour ce que j'ai pu comprendre
Ce prince a cru pouvoir après votre trépas
Compter cette province au rang de ses états;
Et, sans connoître ici de lois que son courage,
Il venoit par la force appuyer son partage.

MITHRIDATE.

Ah! c'est le moindre prix qu'il se doit proposer
Si le ciel de mon sort me laisse disposer.
Oui, je respire, Arbate, et ma joie est extrême.
Je tremblois, je l'avoue, et pour un fils que j'aime,
Et pour moi, qui craignois de perdre un tel appui,
Et d'avoir à combattre un rival tel que lui.
Que Pharnace m'offense, il offre à ma colère
Un rival dès long-temps soigneux de me déplaire,
Qui toujours des Romains admirateur secret
Ne s'est jamais contre eux déclaré qu'à regret;
Et s'il faut que pour lui Monime prévenue
Ait pu porter ailleurs une amour qui m'est due,
Malheur au criminel qui vient me la ravir,
Et qui m'ose offenser et n'ose me servir!
L'aime-t-elle?

ARBATE.

Seigneur, je vois venir la reine.

MITHRIDATE.

Dieux, qui voyez ici mon amour et ma haine,

Epargnez mes malheurs et daignez empêcher
Que je ne trouve encor ceux que je vais chercher!
Arbate, c'est assez : qu'on me laisse avec elle.

SCÈNE IV.

MITHRIDATE, MONIME.

MITHRIDATE.

Madame, enfin le ciel près de vous me rappelle,
Et, secondant du moins mes plus tendres souhaits,
Vous rend à mon amour plus belle que jamais.
Je ne m'attendois pas que de notre hyménée
Je dusse voir si tard arriver la journée,
Ni qu'en vous retrouvant mon funeste retour
Fît voir mon infortune, et non pas mon amour.
C'est pourtant cet amour qui de tant de retraites
Ne me laisse choisir que les lieux où vous êtes;
Et les plus grands malheurs pourront me sembler doux
Si ma présence ici n'en est point un pour vous.
C'est vous en dire assez si vous voulez m'entendre.
Vous devez à ce jour dès long-temps vous attendre;
Et vous portez, madame, un gage de ma foi
Qui vous dit tous les jours que vous êtes à moi.
Allons donc assurer cette foi mutuelle.
Ma gloire loin d'ici vous et moi nous appelle;
Et, sans perdre un moment pour ce noble dessein,
Aujourd'hui votre époux, il faut partir demain.

MONIME.

Seigneur, vous pouvez tout : ceux par qui je respire
Vous ont cédé sur moi leur souverain empire;
Et quand vous userez de ce droit tout puissant
Je ne vous répondrai qu'en vous obéissant.

MITHRIDATE.

Ainsi, prête à subir un joug qui vous opprime,

Vous n'allez à l'autel que comme une victime;
Et moi, tyran d'un cœur qui se refuse au mien,
Même en vous possédant je ne vous devrai rien.
Ah! madame, est-ce là de quoi me satisfaire?
Faut-il que désormais, renonçant à vous plaire,
Je ne prétende plus qu'à vous tyranniser?
Mes malheurs, en un mot, me font-ils mépriser?
Ah! pour tenter encor de nouvelles conquêtes
Quand je ne verrois pas des routes toutes prêtes,
Quand le sort ennemi m'auroit jeté plus bas,
Vaincu, persécuté, sans secours, sans états,
Errant de mers en mers et moins roi que pirate,
Conservant pour tous biens le nom de Mithridate,
Apprenez que, suivi d'un nom si glorieux,
Partout de l'univers j'attacherois les yeux;
Et qu'il n'est point de rois, s'ils sont dignes de l'être,
Qui, sur le trône assis, n'enviassent peut-être
Au dessus de leur gloire un naufrage élevé,
Que Rome et quarante ans ont à peine achevé.
Vous-même d'un autre œil me verriez-vous, madame,
Si ces Grecs vos aïeux revivoient dans votre ame?
Et, puisqu'il faut enfin que je sois votre époux,
N'étoit-il pas plus noble et plus digne de vous
De joindre à ce devoir votre propre suffrage,
D'opposer votre estime au destin qui m'outrage,
Et de me rassurer, en flattant ma douleur,
Contre la défiance attachée au malheur?...
Eh quoi! n'avez-vous rien, madame, à me répondre?
Tout mon empressement ne sert qu'à vous confondre.
Vous demeurez muette; et, loin de me parler,
Je vois, malgré vos soins, vos pleurs prêts à couler.

MONIME.

Moi, seigneur? je n'ai point de larmes à répandre.
J'obéis: n'est-ce pas assez me faire entendre?
Et ne suffit-il pas...

MITHRIDATE.

Non, ce n'est pas assez.
Je vous entends ici mieux que vous ne pensez :
Je vois qu'on m'a dit vrai ; ma juste jalousie
Par vos propres discours est trop bien éclaircie :
Je vois qu'un fils perfide, épris de vos beautés,
Vous a parlé d'amour, et que vous l'écoutez.
Je vous jette pour lui dans des craintes nouvelles :
Mais il jouira peu de vos pleurs infidèles,
Madame ; et désormais tout est sourd à mes lois,
Ou bien vous l'avez vu pour la dernière fois.
Appelez Xipharès.

MONIME.

Ah ! que voulez-vous faire?

Xipharès...

MITHRIDATE.

Xipharès n'a point trahi son père ;
Vous vous pressez en vain de le désavouer :
Et ma tendre amitié ne peut que s'en louer.
Ma bonté en seroit moindre ainsi que votre crime
Si ce fils, en effet digne de votre estime,
A quelque amour encore avoit pu vous forcer.
Mais qu'un traître, qui n'est hardi qu'à m'offenser,
De qui nulle vertu n'accompagne l'audace,
Que Pharnace, en un mot, ait pu prendre ma place,
Qu'il soit aimé, madame, et que je sois haï...

SCÈNE V.

MITHRIDATE, MONIME, XIPHARÈS.

MITHRIDATE.

Venez, mon fils, venez : votre père est trahi.
Un fils audacieux insulte à ma ruine,

Traverse mes desseins, m'outrage, m'assassine,
Aime la reine enfin, lui plaît et me ravit
Un cœur que son devoir à moi seul asservit.
Heureux pourtant, heureux que dans cette disgrâce
Je ne puisse accuser que la main de Pharnace;
Qu'une mère infidèle, un frère audacieux
Vous présentent en vain leur exemple odieux!
Oui, mon fils, c'est vous seul sur qui je me repose,
Vous seul qu'aux grands desseins que mon cœur se propose
J'ai choisi dès long-temps pour digne compagnon,
L'héritier de mon sceptre et surtout de mon nom.
Pharnace en ce moment et ma flamme offensée
Ne peuvent pas tout seuls occuper ma pensée:
D'un voyage important les soins et les apprêts,
Mes vaisseaux qu'à partir il faut tenir tout prêts,
Mes soldats, dont je veux tenter la complaisance,
Dans ce même moment demandent ma présence.
Vous cependant ici veillez pour mon repos;
D'un rival insolent arrêtez les complots.
Ne quittez point la reine; et, s'il se peut, vous-même
Rendez-la moins contraire aux vœux d'un roi qui l'aime.
Détournez-la, mon fils, d'un choix injurieux:
Juge sans intérêt, vous la convaincrez mieux.
En un mot, c'est assez éprouver ma foiblesse:
Qu'elle ne pousse point cette même tendresse,
Que sais-je? à des fureurs dont mon cœur outragé
Ne se repentiroit qu'après s'être vengé.

SCÈNE VI.

MONIME, XIPHARÈS.

XIPHARÈS.

Que dirai-je, madame? et comment dois-je entendre
Cet ordre, ce discours, que je ne puis comprendre?

Seroit-il vrai, grands dieux ! que trop aimé de vous
Pharnace eût en effet mérité ce courroux?
Pharnace auroit-il part à ce désordre extrême?

MONIME.

Pharnace? ô ciel! Pharnace! Ah! qu'entends-je moi-même!
Ce n'est donc pas assez que ce funeste jour
A tout ce que j'aimois m'arrache sans retour,
Et que, de mon devoir esclave infortunée,
A d'éternels ennuis je me voie enchaînée;
Il faut qu'on joigne encor l'outrage à mes douleurs.
A l'amour de Pharnace on impute mes pleurs;
Malgré toute ma haine on veut qu'il m'ait su plaire.
Je le pardonne au roi, qu'aveugle sa colère
Et qui de mes secrets ne peut être éclairci:
Mais vous, seigneur, mais vous, me traitez-vous ainsi?

XIPHARÈS.

Ah! madame, excusez un amant qui s'égare,
Qui lui-même, lié par un devoir barbare,
Se voit prêt de tout perdre, et n'ose se venger.
Mais des fureurs du roi que puis-je enfin juger?
Il se plaint qu'à ses vœux un autre amour s'oppose:
Quel heureux criminel en peut être la cause?
Qui? parlez.

MONIME.

        Vous cherchez, prince, à vous tourmenter.
Plaignez votre malheur sans vouloir l'augmenter.

XIPHARÈS.

Je sais trop quel tourment je m'apprête moi-même.
C'est peu de voir un père épouser ce que j'aime;
Voir encore un rival honoré de vos pleurs,
Sans doute c'est pour moi le comble des malheurs:
Mais dans mon désespoir je cherche à les accroître.
Madame, par pitié, faites-le-moi connoître:
Quel est-il cet amant? qui dois-je soupçonner?

MONIME.

Avez-vous tant de peine à vous l'imaginer ?
Tantôt, quand je fuyois une injuste contrainte,
A qui contre Pharnace ai-je adressé ma plainte ?
Sous quel appui tantôt mon cœur s'est-il jeté ?
Quel amour ai-je enfin sans colère écouté ?

XIPHARÈS.

O ciel ! Quoi ! je serois ce bienheureux coupable
Que vous avez pu voir d'un regard favorable ?
Vos pleurs pour Xipharès auroient daigné couler ?

MONIME.

Oui, prince, il n'est plus temps de le dissimuler ;
Ma douleur pour se taire a trop de violence.
Un rigoureux devoir me condamne au silence ;
Mais il faut bien encor, malgré ses dures lois,
Parler pour la première et la dernière fois.
Vous m'aimez dès long-temps : une égale tendresse
Pour vous depuis long-temps m'afflige et m'intéresse.
Songez depuis quel jour ces funestes appas
Firent naître un amour qu'ils ne méritoient pas ;
Rappelez un espoir qui ne vous dura guère,
Le trouble où vous jeta l'amour de votre père,
Le tourment de me perdre et de le voir heureux,
Les rigueurs d'un devoir contraire à tous vos vœux :
Vous n'en sauriez, seigneur, retracer la mémoire,
Ni conter vos malheurs sans conter mon histoire ;
Et, lorsque ce matin j'en écoutois le cours,
Mon cœur vous répondoit tous vos mêmes discours.
Inutile ou plutôt funeste sympathie !
Trop parfaite union par le sort démentie !
Ah ! par quel soin cruel le ciel avoit-il joint
Deux cœurs que l'un pour l'autre il ne destinoit point !
Car quel que soit vers vous le penchant qui m'attire,
Je vous le dis, seigneur, pour ne plus vous le dire,
Ma gloire me rappelle et m'entraîne à l'autel,

Où je vais vous jurer un silence éternel.
J'entends, vous gémissez : mais telle est ma misère,
Je ne suis point à vous, je suis à votre père.
Dans ce dessein vous-même il faut me soutenir,
Et de mon foible cœur m'aider à vous bannir :
J'attends du moins, j'attends de votre complaisance
Que désormais partout vous fuirez ma présence.
J'en viens de dire assez pour vous persuader
Que j'ai trop de raisons de vous le commander.
Mais après ce moment, si ce cœur magnanime
D'un véritable amour a brûlé pour Monime,
Je ne reconnois plus la foi de vos discours
Qu'au soin que vous prendrez de m'éviter toujours.

XIPHARÈS.

Quelle marque, grands dieux ! d'un amour déplorable!
Combien en un moment heureux et misérable!
De quel comble de gloire et de félicités,
Dans quel abîme affreux vous me précipitez!
Quoi! j'aurai pu toucher un cœur comme le vôtre;
Vous aurez pu m'aimer; et cependant un autre
Possédera ce cœur dont j'attirois les vœux !
Père injuste, cruel, mais d'ailleurs malheureux!...
Vous voulez que je fuie et que je vous évite;
Et cependant le roi m'attache à votre suite.
Que dira-t-il?

MONIME.

N'importe, il me faut obéir.
Inventez des raisons qui puissent l'éblouir.
D'un héros tel que vous c'est là l'effort suprême :
Cherchez, prince, cherchez pour vous trahir vous-même
Tout ce que pour jouir de leurs contentemens
L'amour fait inventer aux vulgaires amans.
Enfin je me connois, il y va de ma vie :
De mes foibles efforts ma vertu se défie.
Je sais qu'en vous voyant un tendre souvenir

III. 8

Peut m'arracher du cœur quelque indigne soupir;
Que je verrai mon âme, en secret déchirée,
Revoler vers le bien dont elle est séparée:
Mais je sais bien aussi que, s'il dépend de vous
De me faire chérir un souvenir si doux,
Vous n'empêcherez pas que ma gloire offensée
N'en punisse aussitôt la coupable pensée,
Que ma main dans mon cœur ne vous aille chercher
Pour y laver ma honte et vous en arracher.
Que dis-je! en ce moment, le dernier qui nous reste,
Je me sens arrêter par un plaisir funeste :
Plus je vous parle et plus, trop foible que je suis,
Je cherche à prolonger le péril que je fuis.
Il faut pourtant, il faut se faire violence;
Et, sans perdre en adieux un reste de constance,
Je fuis. Souvenez-vous, prince, de m'éviter;
Et méritez les pleurs que vous m'allez coûter.

XIPHARÈS.

Ah! madame!... Elle fuit et ne veut plus m'entendre.
Malheureux Xipharès, quel parti dois-tu prendre?
On t'aime, on te bannit : toi-même tu vois bien
Que ton propre devoir s'accorde avec le sien.
Cours par un prompt trépas abréger ton supplice.
Toutefois attendons que son sort s'éclaircisse;
Et s'il faut qu'un rival la ravisse à ma foi,
Du moins en expirant ne la cédons qu'au roi.

ACTE TROISIÈME.

SCÈNE I.

MITHRIDATE, PHARNACE, XIPHARÈS.

MITHRIDATE.

Approchez, mes enfans. Enfin l'heure est venue
Qu'il faut que mon secret éclate à votre vue :
A mes nobles projets je vois tout conspirer ;
Il ne me reste plus qu'à vous les déclarer.
Je fuis : ainsi le veut la fortune ennemie.
Mais vous savez trop bien l'histoire de ma vie
Pour croire que long-temps, soigneux de me cacher,
J'attende en ces déserts qu'on me vienne chercher.
La guerre a ses faveurs ainsi que ses disgrâces :
Déjà plus d'une fois, retournant sur mes traces,
Tandis que l'ennemi par ma fuite trompé
Tenoit après son char un vain peuple occupé,
Et gravant en airain ses frêles avantages
De mes états conquis enchaînoit les images,
Le Bosphore m'a vu par de nouveaux apprêts
Ramener la terreur du fond de ses marais,
Et, chassant les Romains de l'Asie étonnée,
Renverser en un jour l'ouvrage d'une année.
D'autres temps, d'autres soins. L'Orient accablé
Ne peut plus soutenir leur effort redoublé :
Il voit plus que jamais ses campagnes couvertes
De Romains que la guerre enrichit de nos pertes.
Des biens des nations ravisseurs altérés,
Le bruit de nos trésors les a tous attirés ;

Ils y courent en foule, et, jaloux l'un de l'autre,
Désertent leur pays pour inonder le nôtre.
Moi seul je leur résiste : ou lassés, ou soumis,
Ma funeste amitié pèse à tous mes amis ;
Chacun à ce fardeau veut dérober sa tête.
Le grand nom de Pompée assure sa conquête ;
C'est l'effroi de l'Asie ; et, loin de l'y chercher,
C'est à Rome, mes fils, que je prétends marcher.
Ce dessein vous surprend ; et vous croyez peut-être
Que le seul désespoir aujourd'hui le fait naître.
J'excuse votre erreur, et pour être approuvés
De semblables projets veulent être achevés.
Ne vous figurez point que de cette contrée
Par d'éternels remparts Rome soit séparée :
Je sais tous les chemins par où je dois passer ;
Et si la mort bientôt ne me vient traverser,
Sans reculer plus loin l'effet de ma parole,
Je vous rends dans trois mois au pied du Capitole.
Doutez-vous que l'Euxin ne me porte en deux jours
Aux lieux où le Danube y vient finir son cours ?
Que du Scythe avec moi l'alliance jurée
De l'Europe en ces lieux ne me livre l'entrée ?
Recueilli dans leurs ports, accru de leurs soldats,
Nous verrons notre camp grossir à chaque pas.
Daces, Pannoniens, la fière Germanie,
Tous n'attendent qu'un chef contre la tyrannie :
Vous avez vu l'Espagne et surtout les Gaulois
Contre ces mêmes murs qu'ils ont pris autrefois
Exciter ma vengeance, et jusque dans la Grèce
Par des ambassadeurs accuser ma paresse :
Ils savent que, sur eux prêt à se déborder,
Ce torrent s'il m'entraîne ira tout inonder ;
Et vous les verrez tous, prévenant son ravage,
Guider dans l'Italie et suivre mon passage.
C'est là qu'en arrivant, plus qu'en tout le chemin,

Vous trouverez partout l'horreur du nom romain,
Et la triste Italie encor toute fumante
Des feux qu'a rallumés sa liberté mourante.
Non, princes, ce n'est point au bout de l'univers
Que Rome fait sentir tout le poids de ses fers :
Et de près inspirant les haines les plus fortes,
Tes plus grands ennemis, Rome, sont à tes portes.
Ah! s'ils ont pu choisir pour leur libérateur
Spartacus, un esclave, un vil gladiateur;
S'ils suivent au combat des brigands qui les vengent;
De quelle noble ardeur pensez-vous qu'ils se rangent
Sous les drapeaux d'un roi long-temps victorieux,
Qui voit jusqu'à Cyrus remonter ses aïeux ?
Que dis-je! en quel état croyez-vous la surprendre?
Vide de légions qui la puissent défendre,
Tandis que tout s'occupe à me persécuter,
Leurs femmes, leurs enfans pourront-ils m'arrêter ?
Marchons, et dans son sein rejetons cette guerre
Que sa fureur envoie aux deux bouts de la terre;
Attaquons dans leurs murs ces conquérans si fiers;
Qu'ils tremblent à leur tour pour leurs propres foyers.
Annibal l'a prédit, croyons-en ce grand homme :
Jamais on ne vaincra les Romains que dans Rome.
Noyons-la dans son sang justement répandu :
Brûlons ce Capitole où j'étois attendu :
Détruisons ses honneurs, et faisons disparoître
La honte de cent rois et la mienne peut-être,
Et la flamme à la main effaçons tous ces noms
Que Rome y consacroit à d'éternels affronts.
Voilà l'ambition dont mon ame est saisie.
Ne croyez point pourtant qu'éloigné de l'Asie
J'en laisse les Romains tranquilles possesseurs :
Je sais où je lui dois trouver des défenseurs;
Je veux que, d'ennemis partout enveloppée,
Rome rappelle en vain le secours de Pompée.

Lé Parthe, des Romains comme moi la terreur,
Consent de succéder à ma juste fureur ;
Prêt d'unir avec moi sa haine et sa famille,
Il me demande un fils pour époux à sa fille.
Cet honneur vous regarde, et j'ai fait choix de vous,
Pharnace : allez, soyez ce bienheureux époux.
Demain sans différer je prétends que l'aurore
Découvre mes vaisseaux déjà loin du Bosphore :
Vous que rien n'y retient, partez dès ce moment,
Et méritez mon choix par votre empressement ;
Achevez cet hymen ; et, repassant l'Euphrate,
Faites voir à l'Asie un autre Mithridate.
Que nos tyrans communs en pâlissent d'effroi,
Et que le bruit à Rome en vienne jusqu'à moi.

PHARNACE.

Seigneur, je ne vous puis déguiser ma surprise.
J'écoute avec transport cette grande entreprise ;
Je l'admire, et jamais un plus hardi dessein
Ne mit à des vaincus les armes à la main :
Surtout j'admire en vous ce cœur infatigable
Qui semble s'affermir sous le faix qui l'accable.
Mais, si j'ose parler avec sincérité,
En êtes-vous réduit à cette extrémité ?
Pourquoi tenter si loin des courses inutiles
Quand vos états encor vous offrent tant d'asiles ?
Et vouloir affronter des travaux infinis,
Dignes plutôt d'un chef de malheureux bannis
Que d'un roi qui naguère avec quelque apparence
De l'aurore au couchant portoit son espérance,
Fondoit sur trente états son trône florissant,
Dont le débris est même un empire puissant ?
Vous seul, seigneur, vous seul, après quarante années,
Pouvez encor lutter contre les destinées.
Implacable ennemi de Rome et du repos,
Comptez-vous vos soldats pour autant de héros ?

Pensez-vous que ces cœurs, tremblans de leur défaite,
Fatigués d'une longue et pénible retraite,
Cherchent avidement sous un ciel étranger
La mort et le travail pire que le danger?
Vaincus plus d'une fois aux yeux de la patrie,
Soutiendront-ils ailleurs un vainqueur en furie?
Sera-t-il moins terrible, et le vaincront-ils mieux
Dans le sein de sa ville, à l'aspect de ses dieux?
Le Parthe vous recherche, et vous demande un gendre.
Mais ce Parthe, seigneur, ardent à nous défendre
Lorsque tout l'univers sembloit nous protéger,
D'un gendre sans appui voudra-t-il se charger?
M'en irai-je, moi seul, rebut de la fortune,
Essuyer l'inconstance au Parthe si commune,
Et peut-être, pour fruit d'un téméraire amour,
Exposer votre nom au mépris de sa cour?
Du moins, s'il faut céder, si contre notre usage
Il faut d'un suppliant emprunter le visage,
Sans m'envoyer du Parthe embrasser les genoux,
Sans vous-même implorer des rois moindres que vous,
Ne pourrions-nous pas prendre une plus sûre voie?
Jetons-nous dans les bras qu'on nous tend avec joie:
Rome en votre faveur facile à s'apaiser...

XIPHARÈS.

Rome, mon frère! O ciel! qu'osez-vous proposer?
Vous voulez que le roi s'abaisse et s'humilie?
Qu'il démente en un jour tout le cours de sa vie?
Qu'il se fie aux Romains, et subisse des lois
Dont il a quarante ans défendu tous les rois?
Continuez, seigneur. Tout vaincu que vous êtes,
La guerre, les périls sont vos seules retraites.
Rome poursuit en vous un ennemi fatal,
Plus conjuré contre elle et plus craint qu'Annibal.
Tout couvert de son sang, quoi que vous puissiez faire
N'en attendez jamais qu'une paix sanguinaire,

Telle qu'en un seul jour un ordre de vos mains
La donna dans l'Asie à cent mille Romains.
Toutefois épargnez votre tête sacrée :
Vous-même n'allez point de contrée en contrée
Montrer aux nations Mithridate détruit,
Et de votre grand nom diminuer le bruit.
Votre vengeance est juste, il la faut entreprendre :
Brûlez le Capitole, et mettez Rome en cendre.
Mais c'est assez pour vous d'en ouvrir les chemins :
Faites porter ce feu par de plus jeunes mains;
Et tandis que l'Asie occupera Pharnace,
De cette autre entreprise honorez mon audace.
Commandez : laissez-nous de votre nom suivis
Justifier partout que nous sommes vos fils.
Embrasez par nos mains le couchant et l'aurore;
Remplissez l'univers sans sortir du Bosphore;
Que les Romains, pressés de l'un à l'autre bout,
Doutent où vous serez et vous trouvent partout.
Dès ce même moment ordonnez que je parte.
Ici tout vous retient, et moi tout m'en écarte :
Et, si ce grand dessein surpasse ma valeur,
Du moins ce désespoir convient à mon malheur.
Trop heureux d'avancer la fin de ma misère,
J'irai... J'effacerai le crime de ma mère :
Seigneur, vous m'en voyez rougir à vos genoux;
J'ai honte de me voir si peu digne de vous;
Tout mon sang doit laver une tache si noire.
Mais je cherche un trépas utile à votre gloire;
Et Rome, unique objet d'un désespoir si beau,
Du fils de Mithridate est le digne tombeau.

MITHRIDATE se levant.

Mon fils, ne parlons plus d'une mère infidèle.
Votre père est content, il connoît votre zèle,
Et ne vous verra point affronter de danger
Qu'avec vous son amour ne veuille partager :

Vous me suivrez; je veux que rien ne nous sépare.
Et vous, à m'obéir, prince, qu'on se prépare;
Les vaisseaux sont tout prêts: j'ai moi-même ordonné
La suite et l'appareil qui vous est destiné.
Arbate, à cet hymen chargé de vous conduire,
De votre obéissance aura soin de m'instruire.
Allez; et, soutenant l'honneur de vos aïeux,
Dans cet embrassement recevez mes adieux.

PHARNACE.

Seigneur...

MITHRIDATE.

Ma volonté, prince, vous doit suffire.
Obéissez. C'est trop vous le faire redire.

PHARNACE.

Seigneur, si pour vous plaire il ne faut que périr,
Plus ardent qu'aucun autre on m'y verra courir:
Combattant à vos yeux permettez que je meure.

MITHRIDATE.

Je vous ai commandé de partir tout à l'heure.
Mais après ce moment... Prince, vous m'entendez,
Et vous êtes perdu si vous me répondez.

PHARNACE.

Dussiez-vous présenter mille morts à ma vue,
Je ne saurois chercher une fille inconnue.
Ma vie est en vos mains.

MITHRIDATE.

Ah! c'est où je t'attends.
Tu ne saurois partir, perfide! et je t'entends.
Je sais pourquoi tu fuis l'hymen où je t'envoie:
Il te fâche en ces lieux d'abandonner la proie;
Monime te retient; ton amour criminel
Prétendoit l'arracher à l'hymen paternel.
Ni l'ardeur dont tu sais que je l'ai recherchée,
Ni déjà sur son front ma couronne attachée,
Ni cet asile même où je la fais garder,

Ni mon juste courroux n'ont pu l'intimider.
Traître! pour les Romains tes lâches complaisances
N'étoient pas à mes yeux d'assez noires offenses;
Il te manquoit encor ces perfides amours
Pour être le supplice et l'horreur de mes jours.
Loin de t'en repentir, je vois sur ton visage
Que ta confusion ne part que de ta rage :
Il te tarde déjà qu'échappé de mes mains
Tu ne coures me perdre et me vendre aux Romains:
Mais avant que partir je me ferai justice :
Je te l'ai dit. Holà, gardes!

SCÈNE II.

MITHRIDATE, PHARNACE, XIPHARÈS,

GARDES.

MITHRIDATE.

Qu'on le saisisse.
Oui, lui-même, Pharnace. Allez, et de ce pas
Qu'enfermé dans la tour on ne le quitte pas.

PHARNACE.

Eh bien, sans me parer d'une innocence vaine,
Il est vrai, mon amour mérite votre haine :
J'aime. L'on vous a fait un fidèle récit.
Mais Xipharès, seigneur, ne vous a pas tout dit :
C'est le moindre secret qu'il pouvoit vous apprendre
Et ce fils si fidèle a dû vous faire entendre
Que, des mêmes ardeurs dès long-temps enflammé,
Il aime aussi la reine, et même en est aimé.

SCÈNE III.

MITHRIDATE, XIPHARÈS.

XIPHARÈS.

Seigneur, le croirez-vous qu'un dessein si coupable...
MITHRIDATE.

Mon fils, je sais de quoi votre frère est capable.
Me préserve le ciel de soupçonner jamais
Que d'un prix si cruel vous payiez mes bienfaits ;
Qu'un fils qui fut toujours le bonheur de ma vie
Ait pu percer ce cœur qu'un père lui confie !
Je ne le croirai point. Allez : loin d'y songer,
Je ne vais désormais penser qu'à nous venger.

SCÈNE IV.

MITHRIDATE.

Je ne le croirai point ? Vain espoir qui me flatte !
Tu ne le crois que trop, malheureux Mithridate !
Xipharès mon rival ? et, d'accord avec lui,
La reine auroit osé me tromper aujourd'hui ?
Quoi ! de quelque côté que je tourne la vue,
La foi de tous les cœurs est pour moi disparue ;
Tout m'abandonne ailleurs ! tout me trahit ici !
Pharnace, amis, maîtresse ! et toi, mon fils, aussi !
Toi de qui la vertu consolant ma disgrâce....
Mais ne connois-je pas le perfide Pharnace ?
Quelle foiblesse à moi d'en croire un furieux
Qu'arme contre son frère un courroux envieux,
Ou dont le désespoir, me troublant par des fables,
Grossit pour se sauver le nombre des coupables !

Non, ne l'en croyons point; et sans trop nous presser
Voyons, examinons. Mais par où commencer ?
Qui m'en éclaircira ? quels témoins ? quel indice ? ..
Le ciel en ce moment m'inspire un artifice.
Qu'on appelle la reine. Oui, sans aller plus loin,
Je veux l'ouïr : mon choix s'arrête à ce témoin.
L'amour avidement croit tout ce qui le flatte.
Qui peut de son vainqueur mieux parler que l'ingrate?
Voyons qui son amour accusera des deux.
S'il n'est digne de moi le piége est digne d'eux.
Trompons qui nous trahit; et pour connoître un traître
Il n'est point de moyens... Mais je la vois paroître;
Feignons, et de son cœur, d'un vain espoir flatté,
Par un mensonge adroit tirons la vérité.

SCÈNE V.

MITHRIDATE, MONIME.

MITHRIDATE.

Enfin j'ouvre les yeux, et je me fais justice :
C'est faire à vos beautés un triste sacrifice
Que de vous présenter, madame, avec ma foi
Tout l'âge et le malheur que je traine avec moi.
Jusqu'ici la fortune et la victoire mêmes
Cachoient mes cheveux blancs sous trente diadêmes.
Mais ce temps-là n'est plus : je régnois, et je fuis :
Mes ans se sont accrus, mes honneurs sont détruits,
Et mon front, dépouillé d'un si noble avantage,
Du temps qui l'a flétri laisse voir tout l'outrage.
D'ailleurs mille desseins partagent mes esprits :
D'un camp prêt à partir vous entendez les cris ;
Sortant de mes vaisseaux, il faut que j'y remonte.
Quel temps pour un hymen qu'une fuite si prompte,

Madame ! Et de quel front vous unir à mon sort
Quand je ne cherche plus que la guerre et la mort ?
Cessez pourtant, cessez de prétendre à Pharnace :
Quand je me fais justice il faut qu'on se la fasse.
Je ne souffrirai point que ce fils odieux,
Que je viens pour jamais de bannir de mes yeux,
Possédant une amour qui me fut déniée,
Vous fasse des Romains devenir l'alliée.
Mon trône vous est dû : loin de m'en repentir,
Je vous y place même avant que de partir,
Pourvu que vous vouliez qu'une main qui m'est chère,
Un fils, le digne objet de l'amour de son père,
Xipharès, en un mot, devenant votre époux,
Me venge de Pharnace et m'acquitte envers vous.

MONIME.

Xipharès ! lui, seigneur ?

MITHRIDATE.

Oui, lui-même, madame.
D'où peut naître à ce nom le trouble de votre ame ?
Contre un si juste choix qui peut vous révolter ?
Est-ce quelque mépris qu'on ne puisse dompter ?
Je le répète encor, c'est un autre moi-même,
Un fils victorieux, qui me chérit, que j'aime,
L'ennemi des Romains, l'héritier et l'appui
D'un empire et d'un nom qui va renaître en lui ;
Et, quoi que votre amour ait osé se promettre,
Ce n'est qu'entre ses mains que je puis vous remettre.

MONIME.

Que dites-vous ? Oh ciel ! Pourriez-vous approuver...
Pourquoi, seigneur, pourquoi voulez-vous m'éprouver ?
Cessez de tourmenter une ame infortunée :
Je sais que c'est à vous que je fus destinée ;
Je sais qu'en ce moment, pour ce nœud solennel,
La victime, seigneur, nous attend à l'autel.
Venez.

MITHRIDATE.

Je le vois bien, quelque effort que je fasse,
Madame, vous voulez vous garder à Pharnace.
Je reconnois toujours vos injustes mépris;
Ils ont même passé sur mon malheureux fils.

MONIME.

Je le méprise!

MITHRIDATE.

Eh bien, n'en parlons plus, madame:
Continuez; brûlez d'une honteuse flamme.
Tandis qu'avec mon fils je vais loin de vos yeux
Chercher au bout du monde un trépas glorieux,
Vous cependant ici servez avec son frère,
Et vendez aux Romains le sang de votre père.
Venez : je ne saurois mieux punir vos dédains
Qu'en vous mettant moi-même en ses serviles mains.
Et, sans plus me charger du soin de votre gloire,
Je veux laisser de vous jusqu'à votre mémoire.
Allons, madame, allons. Je m'en vais vous unir.

MONIME.

Plutôt de mille morts dussiez-vous me punir !

MITHRIDATE.

Vous résistez en vain, et j'entends votre fuite.

MONIME.

En quelle extrémité, seigneur, suis-je réduite !
Mais enfin je vous crois, et je ne puis penser
Qu'à feindre si long-temps vous puissiez vous forcer.
Les dieux me sont témoins qu'à vous plaire bornée
Mon ame à tout son sort s'étoit abandonnée.
Mais si quelque foiblesse avoit pu m'alarmer,
Si de tous ses efforts mon cœur a dû s'armer,
Ne croyez point, seigneur, qu'auteur de mes alarmes
Pharnace m'ait jamais coûté les moindres larmes.
Ce fils victorieux que vous favorisez,
Cette vivante image en qui vous vous plaisez,

Cet ennemi de Rome, et cet autre vous-même,
Enfin ce Xipharès, que vous voulez que j'aime...

MITHRIDATE.

Vous l'aimez ?

MONIME.

Si le sort ne m'eût donnée à vous,
Mon bonheur dépendoit de l'avoir pour époux.
Avant que votre amour m'eût envoyé ce gage
Nous nous aimions. Seigneur, vous changez de visage !

MITHRIDATE.

Non, madame. Il suffit. Je vais vous l'envoyer.
Allez. Le temps est cher, il le faut employer.
Je vois qu'à m'obéir vous êtes disposée :
Je suis content.

MONIME en s'en allant.

O ciel ! me serois-je abusée ?

SCÈNE VI.

MITHRIDATE.

Ils s'aiment. C'est ainsi qu'on se jouoit de nous.
Ah ! fils ingrat, tu vas me répondre pour tous ;
Tu périras. Je sais combien ta renommée
Et tes fausses vertus ont séduit mon armée :
Perfide, je te veux porter des coups certains ;
Il faut pour te mieux perdre écarter les mutins,
En faisant à mes yeux partir les plus rebelles,
Ne garder près de moi que des troupes fidèles.
Allons. Mais, sans montrer un visage offensé,
Dissimulons encor comme j'ai commencé.

ACTE QUATRIÈME.

SCÈNE I.

MONIME, PHŒDIME.

MONIME.

Phœdime, au nom des dieux, fais ce que je désire ;
Va voir ce qui se passe, et reviens me le dire.
Je ne sais, mais mon cœur ne se peut rassurer :
Mille soupçons affreux viennent me déchirer.
Que tarde Xipharès ! Et d'où vient qu'il diffère
A seconder des vœux qu'autorise son père ?
Son père en me quittant me l'alloit envoyer...
Mais il feignoit peut-être. Il falloit tout nier.
Le roi feignoit ! Et moi, découvrant ma pensée...
O dieux ! en ce péril m'auriez-vous délaissée ?
Et se pourroit-il bien qu'à son ressentiment
Mon amour indiscret eût livré mon amant !
Quoi, prince ! quand tout plein de ton amour extrême
Pour savoir mon secret tu me pressois toi-même,
Mes refus trop cruels vingt fois te l'ont caché ;
Je t'ai même puni de l'avoir arraché :
Et quand de toi peut-être un père se défie,
Que dis-je ! quand peut-être il y va de ta vie,
Je parle ; et, trop facile à me laisser tromper,
Je lui marque le cœur où sa main doit frapper !

PHŒDIME.

Ah ! traitez-le, madame, avec plus de justice ;
Un grand roi descend-il jusqu'à cet artifice ?
A prendre ce détour qui l'auroit pu forcer ?

20.

Sans murmure à l'autel vous l'alliez devancer.
Vouloit-il perdre un fils qu'il aime avec tendresse ?
Jusqu'ici les effets secondent sa promesse :
Madame, il vous disoit qu'un important dessein
Malgré lui le forçoit à vous quitter demain :
Ce seul dessein l'occupe ; et, hâtant son voyage,
Lui-même ordonne tout, présent sur le rivage ;
Ses vaisseaux en tous lieux se chargent de soldats,
Et partout Xipharès accompagne ses pas.
D'un rival en fureur est-ce là la conduite ?
Et voit-on ses discours démentis par la suite ?

MONIME.

Pharnace cependant, par son ordre arrêté,
Trouve en lui d'un rival toute la dureté.
Phœdime, à Xipharès fera-t-il plus de grâce ?

PHOEDIME.

C'est l'ami des Romains qu'il punit en Pharnace :
L'amour a peu de part à ses justes soupçons.

MONIME.

Autant que je le puis je cède à ses raisons ;
Elles calment un peu l'ennui qui me dévore.
Mais pourtant Xipharès ne paroît point encore.

PHOEDIME.

Vaine erreur des amans, qui, pleins de leurs désirs,
Voudroient que tout cédât au soin de leurs plaisirs !
Qui, prêts à s'irriter contre le moindre obstacle...

MONIME.

Ma Phœdime, eh ! qui peut concevoir ce miracle ?
Après deux ans d'ennuis, dont tu sais tout le poids,
Quoi ! je puis respirer pour la première fois !
Quoi ! cher prince, avec toi je me verrois unie !
Et, loin que ma tendresse eût exposé ta vie,
Tu verrois ton devoir, je verrois ma vertu
Approuver un amour si long-temps combattu !
Je pourrois tous les jours t'assurer que je t'aime !
Que ne viens-tu ?

III.   9

SCÈNE II.

MONIME, XIPHARÈS, PHOEDIME.

MONIME.

Seigneur, je parlois de vous-même;
Mon ame souhaitoit de vous voir en ce lieu
Pour vous...

XIPHARÈS.

C'est maintenant qu'il faut vous dire adieu.

MONIME.

Adieu! vous?

XIPHARÈS.

Oui, madame, et pour toute ma vie.

MONIME.

Qu'entends-je! On me disoit... Hélas! ils m'ont trahie.

XIPHARÈS.

Madame, je ne sais quel ennemi couvert,
Révélant nos secrets, vous trahit et me perd.
Mais le roi, qui tantôt n'en croyoit point Pharnace,
Maintenant dans nos cœurs sait tout ce qui se passe.
Il feint, il me caresse, et cache son dessein;
Mais moi, qui, dès l'enfance élevé dans son sein,
De tous ses mouvemens ai trop d'intelligence,
J'ai lu dans ses regards sa prochaine vengeance.
Il presse, il fait partir tous ceux dont mon malheur
Pourroit à la révolte exciter la douleur.
De ses fausses bontés j'ai connu la contrainte.
Un mot même d'Arbate a confirmé ma crainte:
Il a su m'aborder, et les larmes aux yeux,
« On sait tout, m'a-t-il dit; sauvez-vous de ces lieux. »
Ce mot m'a fait frémir du péril de ma reine;
Et ce cher intérêt est le seul qui m'amène.

Je vous crains pour vous-même; et je viens à genoux
Vous prier, ma princesse, et vous fléchir pour vous.
Vous dépendez ici d'une main violente,
Que le sang le plus cher rarement épouvante;
Et je n'ose vous dire à quelle cruauté
Mithridate jaloux s'est souvent emporté.
Peut-être c'est moi seul que sa fureur menace;
Peut-être en me perdant il veut vous faire grâce.
Daignez, au nom des dieux, daignez en profiter;
Par de nouveaux refus n'allez point l'irriter.
Moins vous l'aimez et plus tâchez de lui complaire;
Feignez, efforcez-vous : songez qu'il est mon père.
Vivez, et permettez que dans tous mes malheurs
Je puisse à votre amour ne coûter que des pleurs.

MONIME.

Ah! je vous ai perdu!

XIPHARÈS.

Généreuse Monime,
Ne vous imputez point le malheur qui m'opprime.
Votre seule bonté n'est point ce qui me nuit :
Je suis un malheureux que le destin poursuit;
C'est lui qui m'a ravi l'amitié de mon père,
Qui le fit mon rival, qui révolta ma mère,
Et vient de susciter dans ce moment affreux
Un secret ennemi pour nous trahir tous deux.

MONIME.

Eh quoi! cet ennemi vous l'ignorez encore?

XIPHARÈS.

Pour surcroît de douleur, madame, je l'ignore.
Heureux si je pouvois, avant que m'immoler,
Percer le traître cœur qui m'a pu déceler!

MONIME.

Eh bien, seigneur, il faut vous le faire connoître.
Ne cherchez point ailleurs cet ennemi, ce traître.

Frappez : aucun respect ne vous doit retenir.
J'ai tout fait, et c'est moi que vous devez punir.

XIPHARÈS.

Vous!

MONIME.

Ah! si vous saviez, prince, avec quelle adresse
Le cruel est venu surprendre ma tendresse!
Quelle amitié sincère il affectoit pour vous!
Content s'il vous voyoit devenir mon époux!
Qui n'auroit cru...? Mais non, mon amour plus timide
Devoit moins vous livrer à sa bonté perfide.
Les dieux qui m'inspiroient, et que j'ai mal suivis,
M'ont fait taire trois fois par de secrets avis.
J'ai dû continuer; j'ai dû dans tout le reste....
Que sais-je enfin? j'ai dû vous être moins funeste;
J'ai dû craindre du roi les dons empoisonnés;
Et je m'en punirai si vous me pardonnez.

XIPHARÈS.

Quoi! madame, c'est vous, c'est l'amour qui m'expose!
Mon malheur est parti d'une si belle cause;
Trop d'amour a trahi nos secrets amoureux:
Et vous vous excusez de m'avoir fait heureux!
Que voudrois-je de plus? glorieux et fidèle,
Je meurs. Un autre sort au trône vous appelle:
Consentez-y, madame; et, sans plus résister,
Achevez un hymen qui vous y fait monter.

MONIME.

Quoi! vous me demandez que j'épouse un barbare
Dont l'odieux amour pour jamais nous sépare?

XIPHARÈS.

Songez que ce matin, soumise à ses souhaits,
Vous deviez l'épouser et ne me voir jamais.

MONIME.

Eh! connoissois-je alors toute sa barbarie?
Ne voudriez-vous point qu'approuvant sa furie,

Après vous avoir vu tout percé de ses coups,
Je suivisse à l'autel un tyrannique époux;
Et que dans une main de votre sang fumante
J'allasse mettre, hélas! la main de votre amante?
Allez; de ses fureurs songez à vous garder,
Sans perdre ici le temps à me persuader:
Le ciel m'inspirera quel parti je dois prendre.
Que seroit-ce, grands dieux! s'il venoit vous surprendre.
Que dis-je! on vient. Allez, courez. Vivez enfin;
Et du moins attendez quel sera mon destin.

SCÈNE III.

MONIME, PHOEDIME.

PHOEDIME.

Madame, à quels périls il exposoit sa vie!
C'est le roi.

MONIME.

Cours l'aider à cacher sa sortie.
Va, ne le quitte point; et qu'il se garde bien
D'ordonner de son sort sans être instruit du mien.

SCÈNE IV.

MITHRIDATE, MONIME.

MITHRIDATE.

Allons, madame, allons. Une raison secrète
Me fait quitter ces lieux et hâter ma retraite.
Tandis que mes soldats, prêts à suivre leur roi,
Rentrent dans mes vaisseaux pour partir avec moi,
Venez, et qu'à l'autel ma promesse accomplie
Par des nœuds éternels l'un à l'autre nous lie.

MONIME.

Nous, seigneur?

MITHRIDATE.

Quoi, madame! osez-vous balancer?

MONIME.

Et ne m'avez-vous pas défendu d'y penser?

MITHRIDATE.

J'eus mes raisons alors : oublions-les, madame.
Ne songez maintenant qu'à répondre à ma flamme.
Songez que votre cœur est un bien qui m'est dû.

MONIME.

Eh! pourquoi donc, seigneur, me l'avez-vous rendu?

MITHRIDATE.

Quoi! pour un fils ingrat toujours préoccupée,
Vous croiriez....

MONIME.

Quoi, seigneur! vous m'auriez donc trompée?

MITHRIDATE.

Perfide! il vous sied bien de tenir ce discours,
Vous qui, gardant au cœur d'infidèles amours,
Quand je vous élevois au comble de la gloire,
M'avez des trahisons préparé la plus noire!
Ne vous souvient-il plus, cœur ingrat et sans foi,
Plus que tous les Romains conjuré contre moi,
De quel rang glorieux j'ai bien voulu descendre
Pour vous porter au trône où vous n'osiez prétendre?
Ne me regardez point vaincu, persécuté :
Revoyez-moi vainqueur, et partout redouté.
Songez de quelle ardeur dans Ephèse adorée
Aux filles de cent rois je vous ai préférée;
Et, négligeant pour vous tant d'heureux alliés,
Quelle foule d'états je mettois à vos pieds.
Ah! si d'un autre amour le penchant invincible
Dès lors à mes bontés vous rendoit insensible,
Pourquoi chercher si loin un odieux époux?

Avant que de partir pourquoi vous taisiez-vous ?
Attendiez-vous pour faire un aveu si funeste
Que le sort ennemi m'eût ravi tout le reste,
Et que, de toutes parts me voyant accabler,
J'eusse en vous le seul bien qui me pût consoler ?
Cependant, quand je veux oublier cet outrage
Et cacher à mon cœur cette funeste image,
Vous osez à mes yeux rappeler le passé !
Vous m'accusez encor quand je suis offensé !
Je vois que pour un traître un fol espoir vous flatte.
A quelle épreuve, ô ciel ! réduis-tu Mithridate ?
Par quel charme secret laissé-je retenir
Ce courroux si sévère et si prompt à punir ?
Profitez du moment que mon amour vous donne :
Pour la dernière fois, venez, je vous l'ordonne.
N'attirez point sur vous des périls superflus
Pour un fils insolent que vous ne verrez plus.
Sans vous parer pour lui d'une foi qui m'est due,
Perdez-en la mémoire aussi bien que la vue,
Et désormais sensible à ma seule bonté
Méritez le pardon qui vous est présenté.

MONIME.

Je n'ai point oublié quelle reconnoissance,
Seigneur, m'a dû ranger sous votre obéissance :
Quelque rang où jadis soient montés mes aïeux,
Leur gloire de si loin n'éblouit point mes yeux.
Je songe avec respect de combien je suis née
Au dessous des grandeurs d'un si noble hyménée ;
Et malgré mon penchant et mes premiers desseins
Pour un fils, après vous le plus grand des humains,
Du jour que sur mon front on mit ce diadème,
Je renonçai, seigneur, à ce prince, à moi-même.
Tous deux d'intelligence à nous sacrifier,
Loin de moi, par mon ordre, il couroit m'oublier.
Dans l'ombre du secret ce feu s'alloit éteindre,

Et même de mon sort je ne pouvois me plaindre,
Puisqu'enfin, aux dépens de mes vœux les plus doux,
Je faisois le bonheur d'un héros tel que vous.
Vous seul, seigneur, vous seul vous m'avez arrachée
A cette obéissance où j'étois attachée;
Et ce fatal amour dont j'avois triomphé,
Ce feu que dans l'oubli je croyois étouffé,
Dont la cause à jamais s'éloignoit de ma vue,
Vos détours l'ont surpris, et m'en ont convaincue.
Je vous l'ai confessé, je le dois soutenir :
En vain vous en pourriez perdre le souvenir;
Et cet aveu honteux où vous m'avez forcée
Demeurera toujours présent à ma pensée,
Toujours je vous croirois incertain de ma foi;
Et le tombeau, seigneur, est moins triste pour moi
Que le lit d'un époux qui m'a fait cet outrage,
Qui s'est acquis sur moi ce cruel avantage,
Et qui, me préparant un éternel ennui,
M'a fait rougir d'un feu qui n'étoit pas pour lui.

MITHRIDATE.

C'est donc votre réponse? et, sans plus me complaire,
Vous refusez l'honneur que je voulois vous faire?
Pensez-y bien. J'attends pour me déterminer.

MONIME.

Non, seigneur, vainement vous croyez m'étonner.
Je vous connois; je sais tout ce que je m'apprête,
Et je vois quels malheurs j'assemble sur ma tête :
Mais le dessein est pris; rien ne peut m'ébranler.
Jugez-en, puisqu'ainsi je vous ose parler,
Et m'emporte au-delà de cette modestie
Dont jusqu'à ce moment je n'étois point sortie.
Vous vous êtes servi de ma funeste main
Pour mettre à votre fils un poignard dans le sein :
De ses feux innocens j'ai trahi le mystère;

Et quand il n'en perdroit que l'amour de son père,
Il en mourra, seigneur. Ma foi ni mon amour
Ne seront point le prix d'un si cruel détour.
Après cela jugez. Perdez une rebelle ;
Armez-vous du pouvoir qu'on vous donna sur elle :
J'attendrai mon arrêt ; vous pouvez commander.
Tout ce qu'en vous quittant j'ose vous demander,
Croyez (à la vertu je dois cette justice)
Que je vous trahis seule et n'ai point de complice ;
Et que d'un plein succès vos vœux seroient suivis
Si j'en croyois, seigneur, les vœux de votre fils.

SCÈNE V.

MITHRIDATE.

Elle me quitte ! Et moi dans un lâche silence
Je semble de sa fuite approuver l'insolence !
Peu s'en faut que mon cœur penchant de son côté
Ne me condamne encor de trop de cruauté !
Qui suis-je ? Est-ce Monime ? et suis-je Mithridate ?
Non, non, plus de pardon, plus d'amour pour l'ingrate.
Ma colère revient, et je me reconnois.
Immolons en partant trois ingrats à la fois.
Je vais à Rome : et c'est par tels sacrifices
Qu'il faut à ma fureur rendre les dieux propices.
Je le dois, je le puis ; ils n'ont plus de support ;
Les plus séditieux sont déjà loin du bord.
Sans distinguer entre eux qui je hais ou qui j'aime,
Allons, et commençons par Xipharès lui-même.
Mais quelle est ma fureur ! et qu'est-ce que je dis !
Tu vas sacrifier... qui, malheureux ? Ton fils !
Un fils que Rome craint ! qui peut venger son père !
Pourquoi répandre un sang qui m'est si nécessaire ?

Ah ! dans l'état funeste où ma chute m'a mis,
Est-ce que mon malheur m'a laissé trop d'amis ?
Songeons plutôt, songeons à gagner sa tendresse :
J'ai besoin d'un vengeur et non d'une maîtresse.
Quoi ! ne vaut-il pas mieux, puisqu'il faut m'en priver,
La céder à ce fils que je veux conserver ?
Cédons-la. Vains efforts qui ne font que m'instruire
Des foiblesses d'un cœur qui cherche à se séduire !
Je brûle, je l'adore, et loin de la bannir.....
Ah ! c'est un crime encor dont je la veux punir.
Quelle pitié retient mes sentimens timides ?
N'en ai-je pas déjà puni de moins perfides ?
O Monime ! ô mon fils ! Inutile courroux !
Et vous, heureux Romains, quel triomphe pour vous
Si vous saviez ma honte, et qu'un avis fidèle
De mes lâches combats vous portât la nouvelle !
Quoi ! des plus chères mains craignant les trahisons,
J'ai pris soin de m'armer contre tous les poisons ;
J'ai su par une longue et pénible industrie
Des plus mortels venins prévenir la furie :
Ah ! qu'il eût mieux valu, plus sage et plus heureux,
Et repoussant les traits d'un amour dangereux,
Ne pas laisser remplir d'ardeurs empoisonnées
Un cœur déjà glacé par le froid des années !
De ce trouble fatal par où dois-je sortir ?

SCÈNE VI.

MITHRIDATE, ARBATE.

ARBATE.

Seigneur, tous vos soldats refusent de partir :
Pharnace les retient, Pharnace leur révèle
Que vous cherchez à Rome une guerre nouvelle.

MITHRIDATE.

Pharnace ?

ARBATE.

Il a séduit ses gardes les premiers,
Et le seul nom de Rome étonne les plus fiers. -
De mille affreux périls ils se forment l'image :
Les uns avec transport embrassent le rivage ;
Les autres qui partoient s'élancent dans les flots,
Ou présentent leurs dards aux yeux des matelots.
Le désordre est partout ; et, loin de nous entendre,
Ils demandent la paix, et parlent de se rendre.
Pharnace est à leur tête ; et, flattant leurs souhaits,
De la part des Romains il leur promet la paix.

MITHRIDATE.

Ah, le traître ! Courez : qu'on appelle son frère ;
Qu'il me suive, qu'il vienne au secours de son père !

ARBATE.

J'ignore son dessein ; mais un soudain transport
L'a déja fait descendre et courir vers le port ;
Et l'on dit que suivi d'un gros d'amis fidèles
On l'a vu se mêler au milieu des rebelles.
C'est tout ce que j'en sais.

MITHRIDATE.

Ah ! qu'est-ce que j'entends !
Perfides, ma vengeance a tardé trop long-temps !
Mais je ne vous crains point : malgré leur insolence
Les mutins n'oseroient soutenir ma présence.
Je ne veux que les voir, je ne veux qu'à leurs yeux
Immoler de ma main deux fils audacieux.

SCÈNE VII.

MITHRIDATE, ARBATE, ARCAS.

ARCAS.

Seigneur, tout est perdu. Les rebelles, Pharnace,
Les Romains sont en foule autour de cette place.

MITHRIDATE.

Les Romains !

ARCAS.

De Romains le rivage est chargé,
Et bientôt dans ces murs vous êtes assiégé.

MITHRIDATE.

Ciel ! courons.

(À Arcas.)

Ecoutez.... Du malheur qui me presse
Tu ne jouiras pas, infidèle princesse.

ACTE CINQUIÈME.

SCÈNE I.

MONIME, PHŒDIME.

PHŒDIME.

Madame, où courez-vous? Quels aveugles transports
Vous font tenter sur vous de criminels efforts?
Eh quoi! vous avez pu, trop cruelle à vous-même,
Faire un affreux lien d'un sacré diadème!
Ah! ne voyez-vous pas que les dieux plus humains
Ont eux-mêmes rompu ce bandeau dans vos mains?

MONIME.

Eh! par quelle fureur obstinée à me suivre
Toi-même malgré moi veux-tu me faire vivre?
Xipharès ne vit plus; le roi désespéré
Lui-même n'attend plus qu'un trépas assuré:
Quel fruit te promets-tu de ta coupable audace?
Perfide, prétends-tu me livrer à Pharnace?

PHŒDIME.

Ah! du moins attendez qu'un fidèle rapport
De son malheureux frère ait confirmé la mort.
Dans la confusion que nous venons d'entendre
Les yeux peuvent-ils pas aisément se méprendre?
D'abord, vous le savez, un bruit injurieux
Le rangeoit du parti d'un camp séditieux;
Maintenant on vous dit que ces mêmes rebelles
Ont tourné contre lui leurs armes criminelles.
Jugez de l'un par l'autre, et daignez écouter...

MONIME.

Xipharès ne vit plus, il n'en faut point douter :
L'événement n'a point démenti mon attente.
Quand je n'en aurois pas la nouvelle sanglante,
Il est mort, et j'en ai pour garans trop certains
Son courage et son nom trop suspects aux Romains.
Ah! que d'un si beau sang dès long-temps altérée
Rome tient maintenant sa victoire assurée!
Quel ennemi son bras leur alloit opposer!
Mais sur qui, malheureuse, oses-tu t'excuser?
Quoi! tu ne veux pas voir que c'est toi qui l'opprimes,
Et dans tous ses malheurs reconnoître tes crimes?
De combien d'assassins l'avois-je enveloppé!
Comment à tant de coups seroit-il échappé?
Il évitoit en vain les Romains et son frère :
Ne le livrois-je pas aux fureurs de son père?
C'est moi qui, les rendant l'un de l'autre jaloux,
Vins allumer le feu qui les embrase tous:
Tison de la discorde et fatale furie
Que le démon de Rome a formée et nourrie!
Et je vis! Et j'attends que de leur sang baigné
Pharnace des Romains revienne accompagné,
Qu'il étale à mes yeux sa parricide joie!
La mort au désespoir ouvre plus d'une voie.
Oui, cruelles, en vain vos injustes secours
Me ferment du tombeau les chemins les plus courts ;
Je trouverai la mort jusque dans vos bras même.
Et toi, fatal tissu, malheureux diadème,
Instrument et témoin de toutes mes douleurs,
Bandeau, que mille fois j'ai trempé de mes pleurs,
Au moins en terminant ma vie et mon supplice
Ne pouvois-tu me rendre un funeste service?
A mes tristes regards, va, cesse de t'offrir ;
D'autres armes sans toi sauront me secourir,
Et périsse le jour et la main meurtrière

Qui jadis sur mon front t'attacha la première!
PHOEDIME.

On vient, madame, on vient; et j'espère qu'Arcas
Pour bannir vos frayeurs porte vers vous ses pas.

SCÈNE II.

MONIME, PHOEDIME, ARCAS.

MONIME.

En est-ce fait, Arcas? et le cruel Pharnace...
ARCAS.

Ne me demandez rien de tout ce qui se passe,
Madame: on m'a chargé d'un plus funeste emploi;
Et ce poison vous dit les volontés du roi.
PHOEDIME.

Malheureuse princesse!
MONIME.

Ah! quel comble de joie!
Donnez. Dites, Arcas, au roi, qui me l'envoie,
Que de tous les présens que m'a faits sa bonté
Je reçois le plus cher et le plus souhaité.
A la fin je respire, et le ciel me délivre
Des secours importuns qui me forçoient de vivre.
Maîtresse de moi-même, il veut bien qu'une fois
Je puisse de mon sort disposer à mon choix.
PHOEDIME.

Hélas!
MONIME.

Retiens tes cris, et par d'indignes larmes
De cet heureux moment ne trouble point les charmes.
Si tu m'aimois, Phœdime, il falloit me pleurer
Quand d'un titre funeste on me vint honorer,
Et lorsque m'arrachant du doux sein de la Grèce

Dans ce climat barbare on traîna ta maîtresse.
Retourne maintenant chez ces peuples heureux;
Et, si mon nom encor s'est conservé chez eux,
Dis-leur ce que tu vois, et de toute ma gloire,
Phœdime, conte-leur la malheureuse histoire.
Et toi qui de ce cœur, dont tu fus adoré,
Par un jaloux destin fus toujours séparé,
Héros, avec qui même en terminant ma vie
Je n'ose en un tombeau demander d'être unie,
Reçois ce sacrifice, et puisse en ce moment
Ce poison expier le sang de mon amant!

SCÈNE III.

MONIME, ARBATE, PHOEDIME, ARCAS.

ARBATE.

Arrêtez! arrêtez!

ARCAS.

Que faites-vous, Arbate?

ARBATE.

Arrêtez! j'accomplis l'ordre de Mithridate.

MONIME.

Ah! laissez-moi...

ARBATE jetant le poison.

Cessez, vous dis-je, et laissez-moi,
Madame, exécuter les volontés du roi:
Vivez. Et vous, Arcas, du succès de mon zèle
Courez à Mithridate apprendre la nouvelle.

SCÈNE IV.

MONIME, ARBATE, PHOEDIME.

MONIME.

Ah! trop cruel Arbate, à quoi m'exposez-vous!
Est-ce qu'on croit encor mon supplice trop doux?
Et le roi, m'enviant une mort si soudaine,
Veut-il plus d'un trépas pour contenter sa haine.

ARBATE.

Vous l'allez voir paroître, et j'ose m'assurer
Que vous-même avec moi vous allez le pleurer.

MONIME.

Quoi! le roi...

ARBATE.

Le roi touche à son heure dernière,
Madame, et ne voit plus qu'un reste de lumière.
Je l'ai laissé sanglant porté par des soldats,
Et Xipharès en pleurs accompagne leurs pas.

MONIME.

Xipharès! Ah! grands dieux, je doute si je veille,
Et n'ose qu'en tremblant en croire mon oreille.
Xipharès vit encor! Xipharès, que mes pleurs...

ARBATE.

Il vit chargé de gloire, accablé de douleurs.
De sa mort en ces lieux la nouvelle semée
Ne vous a pas vous seule et sans cause alarmée;
Les Romains, qui partout l'appuyoient par des cris,
Ont par ce bruit fatal glacé tous les esprits.
Le roi, trompé lui-même, en a versé des larmes,
Et, désormais certain du malheur de ses armes,
Par un rebelle fils de toutes parts pressé,
Sans espoir de secours, tout près d'être forcé,

Et voyant pour surcroît de douleur et de haine
Parmi ses étendards porter l'aigle romaine,
Il n'a plus aspiré qu'à s'ouvrir des chemins
Pour éviter l'affront de tomber dans leurs mains.
D'abord il a tenté les atteintes mortelles
Des poisons que lui-même a crus les plus fidèles;
Il les a trouvés tous sans force et sans vertu.
« Vain secours, a-t-il dit, que j'ai trop combattu!
Contre tous les poisons soigneux de me défendre,
J'ai perdu tout le fruit que j'en pouvois attendre.
Essayons maintenant des secours plus certains,
Et cherchons un trépas plus funeste aux Romains. »
Il parle, et, défiant leurs nombreuses cohortes,
Du palais à ces mots il fait ouvrir les portes.
A l'aspect de ce front dont la noble fureur
Tant de fois dans leurs rangs répandit la terreur,
Vous les eussiez vus tous retournant en arrière
Laisser entre eux et nous une large carrière;
Et déjà quelques-uns couroient épouvantés
Jusque dans les vaisseaux qui les ont apportés.
Mais, le dirai-je? ô ciel! rassurés par Pharnace,
Et la honte en leurs cœurs éveillant leur audace,
Ils reprennent courage, ils attaquent le roi,
Qu'un reste de soldats défendoit avec moi.
Qui pourroit exprimer par quels faits incroyables,
Quels coups, accompagnés de regards effroyables,
Son bras se signalant pour la dernière fois,
A de ce grand héros terminé les exploits?
Enfin las et couvert de sang et de poussière,
Il s'étoit fait de morts une noble barrière.
Un autre bataillon s'est avancé vers nous :
Les Romains pour le joindre ont suspendu leurs coups.
Ils vouloient tous ensemble accabler Mithridate.
Mais lui, « C'en est assez, m'a-t-il dit, cher Arbate;
Le sang et la fureur m'emportent trop avant.

Ne livrons pas surtout Mithridate vivant. »
Aussitôt dans son sein il plonge son épée.
Mais la mort fuit encor sa grande ame trompée.
Ce héros dans mes bras est tombé tout sanglant,
Foible et qui s'irritoit contre un trépas si lent ;
Et, se plaignant à moi de ce reste de vie,
Il soulevoit encor sa main appesantie,
Et marquant à mon bras la place de son cœur
Sembloit d'un coup plus sûr implorer la faveur.
Tandis que, possédé de ma douleur extrême,
Je songe bien plutôt à me percer moi-même,
De grands cris ont soudain attiré mes regards ;
J'ai vu, qui l'auroit cru ? j'ai vu de toutes parts
Vaincus et renversés les Romains et Pharnace,
Fuyant vers leurs vaisseaux abandonner la place ;
Et le vainqueur, vers nous s'avançant de plus près,
A mes yeux éperdus a montré Xipharès.

MONIME.

Juste ciel !

ARBATE.

Xipharès toujours resté fidèle,
Et qu'au fort du combat une troupe rebelle
Par ordre de son frère avoit enveloppé,
Mais qui d'entre leurs bras à la fin échappé,
Forçant les plus mutins et regagnant le reste,
Heureux et plein de joie en ce moment funeste,
A travers mille morts, ardent, victorieux,
S'étoit fait vers son père un chemin glorieux.
Jugez de quelle horreur cette joie est suivie :
Son bras aux pieds du roi l'alloit jeter sans vie ;
Mais on court, on s'oppose à son emportement.
Le roi m'a regardé dans ce triste moment,
Et m'a dit d'une voix qu'il poussoit avec peine :
« S'il en est temps encor cours et sauve la reine. »
Ces mots m'ont fait trembler pour vous, pour Xipharès.

J'ai craint, j'ai soupçonné quelques ordres secrets.
Tout lassé que j'étois, ma frayeur et mon zèle
M'ont donné pour courir une force nouvelle,
Et malgré nos malheurs je me tiens trop heureux
D'avoir paré le coup qui vous perdoit tous deux.

MONIME.

Ah! que de tant d'horreurs justement étonnée
Je plains de ce grand roi la triste destinée!
Hélas! et plût aux dieux qu'à son sort inhumain
Moi-même j'eusse pu ne point prêter la main,
Et que simple témoin du malheur qui l'accable
Je le pusse pleurer sans en être coupable!
Il vient. Quel nouveau trouble excite en mes esprits
Le sang du père, ô ciel! et les larmes du fils!

SCÈNE V.

MITHRIDATE, MONIME, XIPHARÈS, AR-
BATE, ARCAS; GARDES *qui soutiennent Mi-*
thridate.

MONIME.

Ah! que vois-je, seigneur, et quel sort est le vôtre!

MITHRIDATE.

Cessez et retenez vos larmes l'un et l'autre.
(Montrant Xipharès.)
Mon sort de sa tendresse et de votre amitié
Veut d'autres sentimens que ceux de la pitié;
Et ma gloire plutôt digne d'être admirée
Ne doit point par des pleurs être déshonorée.
J'ai vengé l'univers autant que je l'ai pu:
La mort dans ce projet m'a seule interrompu.
Ennemi des Romains et de la tyrannie,
Je n'ai point de leur joug subi l'ignominie;

Et j'ose me flatter qu'entre les noms fameux
Qu'une pareille haine a signalés contre eux
Nul ne leur a plus fait acheter la victoire,
Ni de jours malheureux plus rempli leur histoire.
Le ciel n'a pas voulu qu'achevant mon dessein
Rome en cendres me vît expirer dans son sein :
Mais au moins quelque joie en mourant me console ;
J'expire environné d'ennemis que j'immole ;
Dans leur sang odieux j'ai pu tremper mes mains,
Et mes derniers regards ont vu fuir les Romains.
A mon fils Xipharès je dois cette fortune ;
Il épargne à ma mort leur présence importune.
Que ne puis-je payer ce service important
De tout ce que mon trône eut de plus éclatant !
Mais vous me tenez lieu d'empire, de couronne ;
Vous seule me restez : souffrez que je vous donne,
Madame ; et tous ces vœux que j'exigeois de vous,
Mon cœur pour Xipharès vous les demande tous.

MONIME.

Vivez, seigneur, vivez pour le bonheur du monde
Et pour sa liberté, qui sur vous seul se fonde ;
Vivez pour triompher d'un ennemi vaincu,
Pour venger...

MITHRIDATE.

C'en est fait, madame, et j'ai vécu.
Mon fils, songez à vous : gardez-vous de prétendre
Que de tant d'ennemis vous puissiez vous défendre.
Bientôt tous les Romains, de leur honte irrités,
Viendront ici sur vous fondre de tous côtés.
Ne perdez point le temps que vous laisse leur fuite
A rendre à mon tombeau des soins dont je vous quitte.
Tant de Romains sans vie, en cent lieux dispersés,
Suffisent à ma cendre et l'honorent assez.
Cachez-leur pour un temps vos noms et votre vie.
Allez, réservez-vous...

XIPHARÈS.

Moi, seigneur, que je fuie ?
Que Pharnace impuni, les Romains triomphans
N'éprouvent pas bientôt...

MITHRIDATE.

Non, je vous le défends.
Tôt ou tard il faudra que Pharnace périsse :
Fiez-vous aux Romains du soin de son supplice.
Mais je sens affoiblir ma force et mes esprits;
Je sens que je me meurs... Approchez-vous, mon fils ;
Dans cet embrassement dont la douceur me flatte,
Venez, et recevez l'ame de Mithridate.

MONIME.

Il expire.

XIPHARÈS.

Ah! madame, unissons nos douleurs,
Et par tout l'univers cherchons-lui des vengeurs.

FIN DE MITHRIDATE.

IPHIGÉNIE,

TRAGÉDIE.

(1674.)

PERSONNAGES.

AGAMEMNON.

ACHILLE.

ULYSSE.

CLYTEMNESTRE, femme d'Agamemnon.

IPHIGÉNIE, fillè d'Agamemnon.

ÉRIPHILE, fille d'Hélène et de Thésée.

ARCAS,
EURYBATE, } officiers d'Agamemnon.

ÆGINE, femme de la suite de Clytemnestre.

DORIS, confidente d'Eriphile.

GARDES.

La scène est en Aulide, dans la tente d'Aga-
memnon.

IPHIGÉNIE,

TRAGÉDIE.

~~~~~~

ACTE PREMIER.

SCÈNE I.

AGAMEMNON, ARCAS.

AGAMEMNON.

Oui, c'est Agamemnon, c'est ton roi qui t'éveille:
Viens, reconnois la voix qui frappe ton oreille.

ARCAS.

C'est vous-même, seigneur! Quel important besoin
Vous a fait devancer l'aurore de si loin?
A peine un foible jour vous éclaire et me guide,
Vos yeux seuls et les miens sont ouverts dans l'Aulide.
Avez-vous dans les airs entendu quelque bruit?
Les vents nous auroient-ils exaucés cette nuit?
Mais tout dort, et l'armée, et les vents, et Neptune.

AGAMEMNON.

Heureux qui satisfait de son humble fortune,
Libre du joug superbe où je suis attaché,
Vit dans l'état obscur où les dieux l'ont caché!

ARCAS.

Et depuis quand, seigneur, tenez-vous ce langage?
Comblé de tant d'honneurs, par quel secret outrage
Les dieux à vos désirs toujours si complaisans
Vous font-ils méconnoître et haïr leurs présens?

Roi, père, époux heureux, fils du puissant Atrée,
Vous possédez des Grecs la plus riche contrée :
Du sang de Jupiter issu de tous côtés,
L'hymen vous lie encore aux dieux dont vous sortez;
Le jeune Achille enfin vanté par tant d'oracles,
Achille, à qui le ciel promet tant de miracles,
Recherche votre fille, et d'un hymen si beau
Veut dans Troie embrasée allumer le flambeau.
Quelle gloire, seigneur, quels triomphes égalent
Le spectacle pompeux que ces bords vous étalent,
Tous ces mille vaisseaux qui chargés de vingt rois
N'attendent que les vents pour partir sous vos lois!
Ce long calme, il est vrai, retarde vos conquêtes;
Ces vents depuis trois mois enchaînés sur nos têtes
D'Ilion trop long-temps vous ferment le chemin :
Mais parmi tant d'honneurs vous êtes homme enfin;
Tandis que vous vivrez le sort, qui toujours changè,
Ne vous a point promis un bonheur sans mélange.
Bientôt... Mais quels malheurs dans ce billet tracés
Vous arrachent, seigneur, les pleurs que vous versez?
Votre Oreste au berceau va-t-il finir sa vie?
Pleurez-vous Clytemnestre ou bien Iphigénie?
Qu'est-ce qu'on vous écrit? Daignez m'en avertir.

AGAMEMNON.

Non, tu ne mourras point : je n'y puis consentir.

ARCAS.

Seigneur...

AGAMEMNON.

Tu vois mon trouble; apprends ce qui le cau
Et juge s'il est temps, ami, que je repose.
Tu te souviens du jour qu'en Aulide assemblés
Nos vaisseaux par les vents sembloient être appelés :
Nous partions, et déjà par mille cris de joie
Nous menaçions de loin les rivages de Troie.
Un prodige étonnant fit taire ce transport:

Le vent qui nous flattoit nous laissa dans le port.
Il fallut s'arrêter, et la rame inutile
Fatigua vainement une mer immobile.
Ce miracle inoui me fit tourner les yeux
Vers la divinité qu'on adore en ces lieux :
Suivi de Ménélas, de Nestor et d'Ulysse,
J'offris sur ses autels un secret sacrifice.
Quelle fut sa réponse ! et quel devins-je, Arcas,
Quand j'entendis ces mots prononcés par Calchas !
« Vous armez contre Troie une puissance vaine,
Si, dans un sacrifice auguste et solennel,
      Une fille du sang d'Hélène
De Diane en ces lieux n'ensanglante l'autel.
Pour obtenir les vents que le ciel vous dénie
      Sacrifiez Iphigénie. »
                              ARCAS.
Votre fille !
                        AGAMEMNON.
              Surpris comme tu peux penser,
Je sentis dans mon corps tout mon sang se glacer :
Je demeurai sans voix, et n'en repris l'usage
Que par mille sanglots qui se firent passage.
Je condamnai les dieux, et sans plus rien ouir
Fis vœu sur leurs autels de leur désobéir.
Que n'en croyois-je alors ma tendresse alarmée !
Je voulois sur-le-champ congédier l'armée.
Ulysse, en apparence approuvant mes discours,
De ce premier torrent laissa passer le cours ;
Mais, bientôt rappelant sa cruelle industrie,
Il me représenta l'honneur et la patrie,
Tout ce peuple, ces rois, à mes ordres soumis,
Et l'empire d'Asie à la Grèce promis ;
De quel front, immolant tout l'état à ma fille,
Roi sans gloire, j'irois vieillir dans ma famille.
Moi-même je l'avoue avec quelque pudeur,

Charmé de mon pouvoir et plein de ma grandeur,
Ces noms de roi des rois et de chef de la Grèce
Chatouilloient de mon cœur l'orgueilleuse foiblesse.
Pour comble de malheur les dieux toutes les nuits,
Dès qu'un léger sommeil suspendoit mes ennuis,
Vengeant de leurs autels le sanglant privilége,
Me venoient reprocher ma pitié sacrilége,
Et présentant la foudre à mon esprit confus,
Le bras déjà levé, menaçoient mes refus.
Je me rendis, Arcas; et vaincu par Ulysse
De ma fille en pleurant j'ordonnai le supplice.
Mais des bras d'une mère il falloit l'arracher.
Quel funeste artifice il me fallut chercher!
D'Achille, qui l'aimoit, j'empruntai le langage:
J'écrivis en Argos pour hâter ce voyage
Que ce guerrier, pressé de partir avec nous,
Vouloit revoir ma fille et partir son époux.

ARCAS.

Et ne craignez-vous point l'impatient Achille?
Avez-vous prétendu que, muet et tranquille,
Ce héros, qu'armera l'amour et la raison,
Vous laisse pour ce meurtre abuser de son nom?
Verra-t-il à ses yeux son amante immolée?

AGAMEMNON.

Achille étoit absent, et son père Pélée,
D'un voisin ennemi redoutant les efforts,
L'avoit, tu t'en souviens, rappelé de ces bords;
Et cette guerre, Arcas, selon toute apparence,
Auroit dû plus long-temps prolonger son absence.
Mais qui peut dans sa course arrêter ce torrent?
Achille va combattre et triomphe en courant;
Et ce vainqueur, suivant de près sa renommée,
Hier avec la nuit arriva dans l'armée.
Mais des nœuds plus puissans me retiennent le bras:
Ma fille qui s'approche et court à son trépas,

Qui, loin de soupçonner un arrêt si sévère,
Peut-être s'applaudit des bontés de son père,
Ma fille... Ce nom seul dont les droits sont si saints
Sa jeunesse, mon sang, n'est pas ce que je plains :
Je plains mille vertus, une amour mutuelle,
Sa piété pour moi, ma tendresse pour elle,
Un respect qu'en son cœur rien ne peut balancer,
Et que j'avois promis de mieux récompenser.
Non, je ne croirai point, ô ciel, que ta justice
Approuve la fureur de ce noir sacrifice :
Tes oracles sans doute ont voulu m'éprouver,
Et tu me punirois si j'osois l'achever.
Arcas, je t'ai choisi pour cette confidence ;
Il faut montrer ici ton zèle et ta prudence :
La reine, qui dans Sparte avoit connu ta foi,
T'a placé dans le rang que tu tiens près de moi.
Prends cette lettre, cours au devant de la reine,
Et suis sans t'arrêter le chemin de Mycène.
Dès que tu la verras défends-lui d'avancer,
Et rends-lui ce billet que je viens de tracer.
Mais ne t'écarte point ; prends un fidèle guide.
Si ma fille une fois met le pied dans l'Aulide
Elle est morte : Calchas, qui l'attend en ces lieux,
Fera taire nos pleurs, fera parler les dieux ;
Et la religion, contre nous irritée,
Par les timides Grecs sera seule écoutée ;
Ceux même dont ma gloire aigrit l'ambition
Réveilleront leur brigue et leur prétention,
M'arracheront peut-être un pouvoir qui les blesse.
Va, dis-je, sauve-la de ma propre foiblesse.
Mais surtout ne va point par un zèle indiscret,
Découvrir à ses yeux mon funeste secret.
Que s'il se peut ma fille à jamais abusée
Ignore à quel péril je l'avois exposée :
D'une mère en fureur épargne-moi les cris,

Et que ta voix s'accorde avec ce que j'écris.
Pour renvoyer la fille et la mère offensée
Je leur écris qu'Achille a changé de pensée,
Et qu'il veut désormais jusques à son retour
Différer cet hymen que pressoit son amour.
Ajoute, tu le peux, que des froideurs d'Achille
On accuse en secret cette jeune Ériphile
Que lui-même captive amena de Lesbos,
Et qu'auprès de ma fille on garde dans Argos.
C'est leur en dire assez : le reste il faut le taire.
Déjà le jour plus grand nous frappe et nous éclaire ;
Déjà même l'on entre, et j'entends quelque bruit.
C'est Achille. Va, pars. Dieux ! Ulysse le suit !

SCÈNE II.

AGAMEMNON, ACHILLE, ULYSSE.

AGAMEMNON.

Quoi ! seigneur, se peut-il que d'un cours si rapide
La victoire vous ait ramené dans l'Aulide ?
D'un courage naissant sont-ce là les essais ?
Quels triomphes suivront de si nobles succès !
La Thessalie entière ou vaincue ou calmée,
Lesbos même conquise en attendant l'armée,
De toute autre valeur éternels monumens,
Ne sont d'Achille oisif que les amusemens.

ACHILLE.

Seigneur, honorez moins une foible conquête :
Et que puisse bientôt le ciel qui nous arrête
Ouvrir un champ plus noble à ce cœur excité
Par le prix glorieux dont vous l'avez flatté !
Mais cependant, seigneur, que faut-il que je croie
D'un bruit qui me surprend et me comble de joie ?

Daignez-vous avancer le succès de mes vœux ?
Et bientôt des mortels suis-je le plus heureux ?
On dit qu'Iphigénie en ces lieux amenée
Doit bientôt à son sort unir ma destinée.

AGAMEMNON.

Ma fille ? Qui vous dit qu'on la doit amener ?

ACHILLE.

Seigneur, qu'a donc ce bruit qui vous doive étonner ?

AGAMEMNON à Ulysse.

Juste ciel ! sauroit-il mon funeste artifice ?

ULYSSE.

Seigneur, Agamemnon s'étonne avec justice.
Songez-vous aux malheurs qui nous menacent tous ?
O ciel ! pour un hymen quel temps choisissez-vous ?
Tandis qu'à nos vaisseaux la mer toujours fermée
Trouble toute la Grèce et consume l'armée ;
Tandis que pour fléchir l'inclémence des dieux
Il faut du sang peut-être, et du plus précieux,
Achille seul, Achille à son amour s'applique !
Voudroit-il insulter à la crainte publique,
Et que le chef des Grecs, irritant les destins,
Préparât d'un hymen la pompe et les festins ?
Ah ! seigneur, est-ce ainsi que votre ame attendrie
Plaint le malheur des Grecs et chérit la patrie ?

ACHILLE.

Dans les champs phrygiens les effets feront foi
Qui la chérit le plus ou d'Ulysse ou de moi :
Jusque là je vous laisse étaler votre zèle ;
Vous pouvez à loisir faire des vœux pour elle.
Remplissez les autels d'offrandes et de sang,
Des victimes vous-même interrogez le flanc,
Du silence des vents demandez-leur la cause :
Mais moi, qui de ce soin sur Calchas me repose,
Souffrez, seigneur, souffrez que je coure hâter

Un hymen dont les dieux ne sauroient s'irriter.
Transporté d'une ardeur qui ne peut être oisive,
Je rejoindrai bientôt les Grecs sur cette rive :
J'aurois trop de regrets si quelque autre guerrier
Au rivage troyen descendoit le premier.

AGAMEMNON.

O ciel, pourquoi faut-il que ta secrète envie
Ferme à de tels héros le chemin de l'Asie !
N'aurai-je vu briller cette noble chaleur
Que pour m'en retourner avec plus de douleur ?

ULYSSE.

Dieux ! qu'est-ce que j'entends ?

ACHILLE.

                    Seigneur, qu'osez-vous dire ?

AGAMEMNON.

Qu'il faut, princes, qu'il faut que chacun se retire :
Que d'un crédule espoir trop long-temps abusés
Nous attendons les vents qui nous sont refusés.
Le ciel protége Troie, et par trop de présages
Son courroux nous défend d'en chercher les passages.

ACHILLE.

Quels présages affreux nous marquent son courroux ?

AGAMEMNON.

Vous-même consultez ce qu'il prédit de vous.
Que sert de se flatter ? on sait qu'à votre tête
Les dieux ont d'Ilion attaché la conquête :
Mais on sait que pour prix d'un triomphe si beau
Ils ont aux champs troyens marqué votre tombeau ;
Que votre vie, ailleurs et longue et fortunée,
Devant Troie en sa fleur doit être moissonnée.

ACHILLE.

Ainsi pour vous venger tant de rois assemblés
D'un opprobre éternel retourneront comblés !
Et Pâris, couronnant son insolente flamme,

Retiendra sans péril la sœur de votre femme!

AGAMEMNON.

Eh quoi! votre valeur qui nous a devancés
N'a-t-elle pas pris soin de nous venger assez?
Les malheurs de Lesbos par vos mains ravagée
Epouvantent encor toute la mer Egée:
Troie en a vu la flamme, et jusque dans ses ports
Les flots en ont poussé les débris et les morts.
Que dis-je! les Troyens pleurent une autre Hélène
Que vous avez captive envoyée à Mycène;
Car, je n'en doute point, cette jeune beauté
Garde en vain un secret que trahit sa fierté;
Et son silence même accusant sa noblesse
Nous dit qu'elle nous cache une illustre princesse.

ACHILLE.

Non, non, tous ces détours sont trop ingénieux:
Vous lisez de trop loin dans les secrets des dieux.
Moi je m'arrêterois à de vaines menaces!
Et je fuirois l'honneur qui m'attend sur vos traces!
Les Parques à ma mère, il est vrai, l'ont prédit
Lorsqu'un époux mortel fut reçu dans son lit:
Je puis choisir, dit-on, ou beaucoup d'ans sans gloire,
Ou peu de jours suivis d'une longue mémoire.
Mais, puisqu'il faut enfin que j'arrive au tombeau,
Voudrois-je, de la terre inutile fardeau,
Trop avare d'un sang reçu d'une déesse,
Attendre chez mon père une obscure vieillesse;
Et, toujours de la gloire évitant le sentier,
Ne laisser aucun nom et mourir tout entier?
Ah! ne nous formons point ces indignes obstacles:
L'honneur parle, il suffit: ce sont là nos oracles.
Les dieux sont de nos jours les maîtres souverains;
Mais, seigneur, notre gloire est dans nos propres mains.
Pourquoi nous tourmenter de leurs ordres suprêmes?
Ne songeons qu'à nous rendre immortels comme eux-mêmes,

Et, laissant faire au sort, courons où la valeur
Nous promet un destin aussi grand que le leur.
C'est à Troie, et j'y cours, et quoi qu'on me prédise
Je ne demande aux dieux qu'un vent qui m'y conduise;
Et quand moi seul enfin il faudroit l'assiéger,
Patrocle et moi, seigneur, nous irons vous venger.
Mais non, c'est en vos mains que le destin la livre;
Je n'aspire en effet qu'à l'honneur de vous suivre.
Je ne vous presse plus d'approuver les transports
D'un amour qui m'alloit éloigner de ces bords;
Ce même amour, soigneux de votre renommée,
Veut qu'ici mon exemple encourage l'armée,
Et me défend surtout de vous abandonner
Aux timides conseils qu'on ose vous donner.

SCÈNE III.

AGAMEMNON, ULYSSE.

ULYSSE.

Seigneur, vous entendez. Quelque prix qu'il en coûte,
Il veut voler à Troie et poursuivre sa route.
Nous craignions son amour, et lui-même aujourd'hui
Par une heureuse erreur nous arme contre lui.

AGAMEMNON.

Hélas !

ULYSSE.

De ce soupir que faut-il que j'augure?
Du sang qui se révolte est-ce quelque murmure?
Croirai-je qu'une nuit a pu vous ébranler?
Est-ce donc votre cœur qui vient de nous parler?
Songez-y; vous devez votre fille à la Grèce:
Vous nous l'avez promise, et sur cette promesse
Calchas par tous les Grecs consulté chaque jour
Leur a prédit des vents l'infaillible retour.

A ses prédictions si l'effet est contraire,
Pensez-vous que Calchas continue à se taire,
Que ses plaintes, qu'en vain vous voudrez apaiser,
Laissent mentir les dieux sans vous en accuser?
Et qui sait ce qu'aux Grecs frustrés de leur victime
Peut permettre un courroux qu'ils croiront légitime?
Gardez-vous de réduire un peuple furieux,
Seigneur, à prononcer entre vous et les dieux.
N'est-ce pas vous enfin de qui la voix pressante
Nous a tous appelés aux campagnes du Xanthe,
Et qui de ville en ville attestiez les sermens
Que d'Hélène autrefois firent tous les amans,
Quand presque tous les Grecs rivaux de votre frère
La demandoient en foule à Tyndare, son père?
De quelque heureux époux que l'on dût faire choix,
Nous jurâmes dès lors de défendre ses droits,
Et si quelque insolent lui voloit sa conquête
Nos mains du ravisseur lui promirent la tête.
Mais sans vous ce serment que l'amour a dicté,
Libres de cet amour, l'aurions-nous respecté?
Vous seul, nous arrachant à de nouvelles flammes,
Nous avez fait laisser nos enfans et nos femmes;
Et quand de toutes parts assemblés en ces lieux,
L'honneur de vous venger brille seul à nos yeux;
Quand la Grèce, déjà vous donnant son suffrage,
Vous reconnoît l'auteur de ce fameux ouvrage;
Que ses rois, qui pouvoient vous disputer ce rang,
Sont prêts pour vous servir à verser tout leur sang :
Le seul Agamemnon refusant la victoire
N'ose d'un peu de sang acheter tant de gloire;
Et dès le premier pas se laissant effrayer
Ne commande les Grecs que pour les renvoyer!

AGAMEMNON.

Ah! seigneur, qu'éloigné du malheur qui m'opprime
Votre cœur aisément se montre magnanime.

Mais que si vous voyiez ceint du bandeau mortel
Votre fils Télémaque approcher de l'autel,
Nous vous verrions troublé de cette affreuse image
Changer bientôt en pleurs ce superbe langage,
Eprouver la douleur que j'éprouve aujourd'hui,
Et courir vous jeter entre Calchas et lui !
Seigneur, vous le savez, j'ai donné ma parole,
Et si ma fille vient je consens qu'on l'immole :
Mais malgré tous mes soins, si son heureux destin
La retient dans Argos ou l'arrête en chemin,
Souffrez que sans presser ce barbare spectacle
En faveur de mon sang j'explique cet obstacle,
Que j'ose pour ma fille accepter le secours
De quelque dieu plus doux qui veille sur ses jours.
Vos conseils sur mon cœur n'ont eu que trop d'empire,
Et je rougis...

SCÈNE IV.

AGAMEMNON, ULYSSE, EURYBATE.

EURYBATE.

Seigneur...

AGAMEMNON.

Ah! que vient-on me dire?

EURYBATE.

La reine, dont ma course a devancé les pas,
Va remettre bientôt sa fille entre vos bras ;
Elle approche. Elle s'est quelque temps égarée
Dans ces bois qui du camp semblent cacher l'entrée;
A peine nous avons dans leur obscurité
Retrouvé le chemin que nous avions quitté.

AGAMEMNON.

Ciel !

EURYBATE.

Elle amène aussi cette jeune Ériphile
Que Lesbos a livrée entre les mains d'Achille,
Et qui de son destin, qu'elle ne connoît pas,
Vient, dit-elle, en Aulide interroger Calchas.
Déjà de leur abord la nouvelle est semée,
Et déjà de soldats une foule charmée,
Surtout d'Iphigénie admirant la beauté,
Pousse au ciel mille vœux pour sa félicité.
Les uns avec respect environnoient la reine,
D'autres me demandoient le sujet qui l'amène :
Mait tous ils confessoient que si jamais les dieux
Ne mirent sur le trône un roi plus glorieux,
Egalement comblé de leurs faveurs secrètes,
Jamais père ne fut plus heureux que vous l'êtes.

AGAMEMNON.

Eurybate, il suffit ; vous pouvez nous laisser :
Le reste me regarde, et je vais y penser.

SCÈNE V.

AGAMEMNON, ULYSSE.

AGAMEMNON.

Juste ciel ! c'est ainsi qu'assurant ta vengeance
Tu romps tous les ressorts de ma vaine prudence !
Encor si je pouvois, libre dans mon malheur,
Par des larmes au moins soulager ma douleur !
Triste destin des rois ! Esclaves que nous sommes
Et des rigueurs du sort et des discours des hommes,
Nous nous voyons sans cesse assiégés de témoins,
Et les plus malheureux osent pleurer le moins.

ULYSSE.

Je suis père, seigneur, et foible comme un autre :
Mon cœur se met sans peine à la place du vôtre,

Et, frémissant du coup qui vous fait soupirer,
Loin de blâmer vos pleurs je suis prêt de pleurer.
Mais votre amour n'a plus d'excuse légitime;
Les dieux ont à Calchas amené leur victime :
Il le sait, il l'attend; et s'il la voit tarder
Lui-même à haute voix viendra la demander.
Nous sommes seuls encor, hâtez-vous de répandre
Des pleurs que vous arrache un intérêt si tendre;
Pleurez ce sang, pleurez; ou plutôt sans pâlir
Considérez l'honneur qui doit en rejaillir.
Voyez tout l'Hellespont blanchissant sous nos rames,
Et la perfide Troie abandonnée aux flammes,
Ses peuples dans vos fers, Priam à vos genoux,
Hélène par vos mains rendue à son époux :
Voyez de vos vaisseaux les poupes couronnées
Dans cette même Aulide avec vous retournées;
Et, ce triomphe heureux qui s'en va devenir
L'éternel entretien des siècles à venir.

AGAMEMNON.

Seigneur, de mes efforts je connois l'impuissance :
Je cède et laisse aux dieux opprimer l'innocence.
La victime bientôt marchera sur vos pas,
Allez. Mais cependant faites taire Calchas;
Et, m'aidant à cacher ce funeste mystère,
Laissez-moi de l'autel écarter une mère.

ACTE SECOND.

SCÈNE I.

ÉRIPHILE, DORIS.

ÉRIPHILE.

Ne les contraignons point, Doris, retirons-nous;
Laissons-les dans les bras d'un père et d'un époux;
Et tandis qu'à l'envi leur amour se déploie
Mettons en liberté ma tristesse et leur joie.

DORIS.

Quoi! madame, toujours irritant vos douleurs,
Croyez-vous ne plus voir que des sujets de pleurs ?
Je sais que tout déplaît aux yeux d'une captive,
Qu'il n'est point dans les fers de plaisir qui la suive :
Mais dans le temps fatal que, repassant les flots,
Nous suivions malgré nous le vainqueur de Lesbos;
Lorsque dans son vaisseau, prisonnière timide,
Vous voyiez devant vous ce vainqueur homicide,
Le dirai-je? vos yeux, de larmes moins trempés,
A pleurer vos malheurs étoient moins occupés.
Maintenant tout vous rit: l'aimable Iphigénie
D'une amitié sincère avec vous est unie;
Elle vous plaint, vous voit avec des yeux de sœur;
Et vous seriez dans Troie avec moins de douceur :
Vous vouliez voir l'Aulide, où son père l'appelle;
Et l'Aulide vous voit arriver avec elle :
Cependant, par un sort que je ne conçois pas,
Votre douleur redouble et croît à chaque pas.

ÉRIPHILE.

Eh quoi ! te semble-t-il que la triste Ériphile

Doive être de leur joie un témoin si tranquille?
Crois-tu que mes chagrins doivent s'évanouir
A l'aspect d'un bonheur dont je ne puis jouir?
Je vois Iphigénie entre les bras d'un père :
Elle fait tout l'orgueil d'une superbe mère :
Et moi, toujours en butte à de nouveaux dangers,
Remise dès l'enfance en des bras étrangers,
Je reçus et je vois le jour que je respire
Sans que père ni mère aient daigné me sourire.
J'ignore qui je suis, et pour comble d'horreur
Un oracle effrayant m'attache à mon erreur,
Et quand je veux chercher le sang qui m'a fait naître
Me dit que sans périr je ne me puis connoître.

DORIS.

Non, non; jusques au bout vous devez le chercher.
Un oracle toujours se plaît à se cacher ;
Toujours avec un sens il en présente un autre :
En perdant un faux nom vous reprendrez le vôtre.
C'est là tout le danger que vous pouvez courir;
Et c'est peut-être ainsi que vous devez périr.
Songez que votre nom fut changé dès l'enfance.

ÉRIPHILE.

Je n'ai de tout mon sort que cette connoissance ;
Et ton père, du reste infortuné témoin,
Ne me permit jamais de pénétrer plus loin.
Hélas! dans cette Troie, où j'étois attendue,
Ma gloire, disoit-il, m'alloit être rendue :
J'allois, en reprenant et mon nom et mon rang,
Des plus grands rois en moi reconnoître le sang.
Déjà je découvrois cette fameuse ville.
Le ciel mène à Lesbos l'impitoyable Achille :
Tout cède, tout ressent ses funestes efforts.
Ton père, enseveli dans la foule des morts,
Me laisse dans les fers à moi-même inconnue ;
Et de tant de grandeurs dont j'étois prévenue,

Vile esclave des Grecs, je n'ai pu conserver
Que la fierté d'un sang que je ne puis prouver.

> DORIS.

Ah! que perdant, madame, un témoin si fidèle,
La main qui vous l'ôta vous doit sembler cruelle!
Mais Calchas est ici, Calchas si renommé,
Qui des secrets des dieux fut toujours informé.
Le ciel souvent lui parle : instruit par un tel maître,
Il sait tout ce qui fut et tout ce qui doit être.
Pourroit-il de vos jours ignorer les auteurs?
Ce camp même est pour vous tout plein de protecteurs.
Bientôt Iphigénie en épousant Achille
Vous va sous son appui présenter un asile;
Elle vous l'a promis et juré devant moi.
Ce gage est le premier qu'elle attend de sa foi.

> ÉRIPHILE.

Que dirois-tu, Doris, si, passant tout le reste,
Cet hymen de mes maux étoit le plus funeste?

> DORIS.

Quoi, madame!

> ÉRIPHILE.

Tu vois avec étonnement
Que ma douleur ne souffre aucun soulagement;
Écoute, et tu te vas étonner que je vive.
C'est peu d'être étrangère, inconnue et captive;
Ce destructeur fatal des tristes Lesbiens,
Cet Achille, l'auteur de tes maux et des miens,
Dont la sanglante main m'enleva prisonnière,
Qui m'arracha d'un coup ma naissance et ton père,
De qui jusques au nom tout doit m'être odieux,
Est de tous les mortels le plus cher à mes yeux.

> DORIS.

Ah! que me dites-vous!

> ÉRIPHILE.

Je me flattois sans cesse

Qu'un silence éternel cacheroit ma foiblesse :
Mais mon cœur trop pressé m'arrache ce discours,
Et te parle une fois pour se taire toujours.
Ne me demande point sur quel espoir fondée
De ce fatal amour je me vis possédée.
Je n'en accuse point quelques feintes douleurs
Dont je crus voir Achille honorer mes malheurs :
Le ciel s'est fait sans doute une joie inhumaine
A rassembler sur moi tous les traits de sa haine.
Rappellerai-je encor le souvenir affreux
Du jour qui dans les fers nous jeta toutes deux?
Dans les cruelles mains par qui je fus ravie
Je demeurai long-temps sans lumière et sans vie :
Enfin mes tristes yeux cherchèrent la clarté ;
Et, me voyant presser d'un bras ensanglanté,
Je frémissois, Doris, et d'un vainqueur sauvage
Craignois de rencontrer l'effroyable visage.
J'entrai dans son vaisseau, détestant sa fureur
Et toujours détournant ma vue avec horreur.
Je le vis : son aspect n'avoit rien de farouche ;
Je sentis le reproche expirer dans ma bouche ;
Je sentis contre moi mon cœur se déclarer ;
J'oubliai ma colère, et ne sus que pleurer :
Je me laissai conduire à cet aimable guide.
Je l'aimois à Lesbos, et je l'aime en Aulide.
Iphigénie en vain s'offre à me protéger,
Et me tend une main prompte à me soulager :
Triste effet des fureurs dont je suis tourmentée,
Je n'accepte la main qu'elle m'a présentée
Que pour m'armer contre elle, et sans me découvrir
Traverser son bonheur, que je ne puis souffrir.

DORIS.

Et que pourroit contre elle une impuissante haine?
Ne valoit-il pas mieux, renfermée à Mycène,
Eviter les tourmens que vous venez chercher,

Et combattre des feux contraints de se cacher?

ÉRIPHILE.

Je le voulois, Doris. Mais, quelque triste image
Que sa gloire à mes yeux montrât sur ce rivage,
Au sort qui me traînoit il fallut consentir :
Une secrète voix m'ordonna de partir,
Me dit qu'offrant ici ma présence importune
Peut-être j'y pourrois porter mon infortune ;
Que peut-être approchant ces amans trop heureux
Quelqu'un de mes malheurs se répandroit sur eux.
Voilà ce qui m'amène, et non l'impatience
D'apprendre à qui je dois une triste naissance.
Ou plutôt leur hymen me servira de loi :
S'il s'achève il suffit ; tout est fini pour moi :
Je périrai, Doris ; et par une mort prompte
Dans la nuit du tombeau j'enfermerai ma honte,
Sans chercher des parens si long-temps ignorés,
Et que ma folle amour a trop déshonorés.

DORIS.

Que je vous plains, madame! et que pour votre vie.

ÉRIPHILE.

Tu vois Agamemnon avec Iphigénie.

SCÈNE II.

AGAMEMNON, IPHIGÉNIE, ÉRIPHILE, DORIS.

IPHIGÉNIE.

Seigneur, où courez-vous? et quels empressemens
Vous dérobent sitôt à nos embrassemens?
A qui dois-je imputer cette fuite soudaine ?
Mon respect a fait place aux transports de la reine ;
Un moment à mon tour ne vous puis-je arrêter?

Et ma joie à vos yeux n'ose-t-elle éclater ?
Ne puis-je...

AGAMEMNON.

Eh bien ! ma fille embrassez votre père ;
Il vous aime toujours.

IPHIGÉNIE.

Que cette amour m'est chère !
Quel plaisir de vous voir et de vous contempler
Dans ce nouvel éclat dont je vous vois briller !
Quels honneurs ! quel pouvoir ! Déjà la renommée
Par d'étonnans récits m'en avoit informée :
Mais que, voyant de près ce spectacle charmant,
Je sens croître ma joie et mon étonnement !
Dieux ! avec quel amour la Grèce vous révère !
Quel bonheur de me voir la fille d'un tel père !

AGAMEMNON.

Vous méritiez, ma fille, un père plus heureux.

IPHIGÉNIE.

Quelle félicité peut manquer à vos vœux ?
A de plus grands honneurs un roi peut-il prétendre ?
J'ai cru n'avoir au ciel que des grâces à rendre.

AGAMEMNON à part.

Grands dieux ! à son malheur dois-je la préparer ?

IPHIGÉNIE.

Vous vous cachez, seigneur, et semblez soupirer ;
Tous vos regards sur moi ne tombent qu'avec peine.
Avons-nous sans votre ordre abandonné Mycène ?

AGAMEMNON.

Ma fille, je vous vois toujours des mêmes yeux ;
Mais les temps sont changés, aussi bien que les lieux
D'un soin cruel ma joie est ici combattue.

IPHIGÉNIE.

Eh ! mon père, oubliez votre rang à ma vue.
Je prévois la rigueur d'un long éloignement :

N'osez-vous sans rougir être père un moment?
Vous n'avez devant vous qu'une jeune princesse
A qui j'avois pour moi vanté votre tendresse;
Cent fois lui promettant mes soins, votre bonté,
J'ai fait gloire à ses yeux de ma félicité.
Que va-t-elle penser de votre indifférence?
Ai-je flatté ses vœux d'une fausse espérance?
N'éclaircirez-vous point ce front chargé d'ennuis?

AGAMEMNON.

Ah, ma fille!

IPHIGÉNIE.

Seigneur, poursuivez.

AGAMEMNON.

Je ne puis.

IPHIGÉNIE.

Périsse le Troyen auteur de nos alarmes!

AGAMEMNON.

Sa perte à ses vainqueurs coûtera bien des larmes.

IPHIGÉNIE.

Les dieux daignent surtout prendre soin de vos jours!

AGAMEMNON.

Les dieux depuis un temps me sont cruels et sourds.

IPHIGÉNIE.

Calchas, dit-on, prépare un pompeux sacrifice.

AGAMEMNON.

Puissé-je auparavant fléchir leur injustice!

IPHIGÉNIE.

L'offrira-t-on bientôt?

AGAMEMNON.

Plus tôt que je ne veux.

IPHIGÉNIE.

Me sera-t-il permis de me joindre à vos vœux?
Verra-t-on à l'autel votre heureuse famille?

AGAMEMNON.

Hélas!

IPHIGÉNIE.

Vous vous taisez.

AGAMEMNON.

Vous y serez, ma fille.

Adieu.

SCÈNE III.

IPHIGÉNIE, ÉRIPHILE, DORIS.

IPHIGÉNIE.

De cet accueil que dois-je soupçonner?
D'une secrète horreur je me sens frissonner:
Je crains malgré moi-même un malheur que j'ignore.
Justes dieux, vous savez pour qui je vous implore.

ÉRIPHILE.

Quoi! parmi tous les soins qui doivent l'accabler,
Quelque froideur suffit pour vous faire trembler!
Hélas! à quels soupirs suis-je donc condamnée,
Moi qui de mes parens toujours abandonnée,
Etrangère partout, n'ai pas même en naissant
Peut-être reçu d'eux un regard caressant!
Du moins si vos respects sont rejetés d'un père
Vous en pouvez gémir dans le sein d'une mère;
Et, de quelque disgrâce enfin que vous pleuriez,
Quels pleurs par un amant ne sont point essuyés!

IPHIGÉNIE.

Je ne m'en défends point: mes pleurs, belle Eriphile,
Ne tiendront pas long-temps contre les soins d'Achille;
Sa gloire, son amour, mon père, mon devoir
Lui donnent sur mon ame un trop juste pouvoir.
Mais de lui-même ici que faut-il que je pense?
Cet amant pour me voir brûlant d'impatience,
Que les Grecs de ces bords ne pouvoient arracher,
Qu'un père de si loin m'ordonne de chercher,

'empresse-t-il assez pour jouir d'une vue
u'avec tant de transports je croyois attendue?
our moi depuis deux jours qu'approchant de ces lieux
eur aspect souhaité se découvre à nos yeux,
e l'attendois partout; et d'un regard timide
ans cesse parcourant les chemins de l'Aulide,
on cœur pour le chercher voloit loin devant moi,
t je demande Achille à tout ce que je vói.
e viens, j'arrive enfin sans qu'il m'ait prévenue.
e n'ai percé qu'à peine une foule inconnue;
ui seul ne paroît point : le triste Agamemnon
emble craindre à mes yeux de prononcer son nom.
ue fait-il? qui pourra m'expliquer ce mystère?
rouverai-je l'amant glacé comme le père?
t les soins de la guerre auróient-ils en un jour
teint dans tous les cœurs la tendresse et l'amour?
ais non, c'est l'offenser par d'injustes alarmes;
'est à moi que l'on doit le secours de ses armes.
l n'étoit point à Sparte entre tous ces amans
ont le père d'Hélène a reçu les sermens :
ui seul de tous les Grecs maître de sa parole,
'il part contre Ilion, c'est pour moi qu'il y vole;
t, satisfait d'un prix qui lui semble si doux,
l veut même y porter le nom de mon époux.

SCÈNE IV.

CLYTEMNESTRE, IPHIGÉNIE, ÉRIPHILE, DORIS.

CLYTEMNESTRE.

a fille, il faut partir sans que rien nous retienne,
t sauver en fuyant votre gloire et la mienne.
e ne m'étonne plus qu'interdit et distrait
otre père ait paru nous revoir à regret :

Aux affronts d'un refus craignant de vous commettre,
Il m'avoit par Arcas envoyé cette lettre.
Arcas s'est vu tromper par notre égarement,
Et vient de me la rendre en ce même moment.
Sauvons, encore un coup, notre gloire offensée:
Pour votre hymen Achille a changé de pensée,
Et, refusant l'honneur qu'on lui veut accorder,
Jusques à son retour il veut le retarder.

ÉRIPHILE.

Qu'entends-je!

CLYTEMNESTRE.

       Je vous vois rougir de cet outrage.
Il faut d'un noble orgueil armer votre courage:
Moi-même de l'ingrat approuvant le dessein
Je vous l'ai dans Argos présenté de ma main;
Et mon choix que flattoit le bruit de sa noblesse
Vous donnoit avec joie au fils d'une déesse.
Mais, puisque désormais son lâche repentir
Dément le sang des dieux dont on le fait sortir,
Ma fille c'est à nous de montrer qui nous sommes,
Et de ne voir en lui que le dernier des hommes.
Lui ferons-nous penser par un plus long séjour
Que vos vœux de son cœur attendent le retour?
Rompons avec plaisir un hymen qu'il diffère.
J'ai fait de mon dessein avertir votre père;
Je ne l'attends ici que pour m'en séparer,
Et pour ce prompt départ je vais tout préparer.

(A Ériphile.)

Je ne vous presse point, madame, de nous suivre;
En de plus chères mains ma retraite vous livre.
De vos desseins secrets on est trop éclairci;
Et ce n'est pas Calchas que vous cherchez ici.

SCÈNE V.

IPHIGÉNIE, ÉRIPHILE, DORIS.

IPHIGÉNIE.

En quel funeste état ces mots m'ont-ils laissée !
Pour mon hymen Achille a changé de pensée !
Il me faut sans honneur retourner sur mes pas !
Et vous cherchez ici quelque autre que Calchas !

ÉRIPHILE.

Madame, à ce discours je ne puis rien comprendre.

IPHIGÉNIE.

Vous m'entendez assez si vous voulez m'entendre.
Le sort injurieux me ravit un époux.
Madame, à mon malheur m'abandonnerez-vous?
Vous ne pouviez sans moi demeurer à Mycène;
Me verra-t-on sans vous partir avec la reine?

ÉRIPHILE.

Je voulois voir Calchas avant que de partir.

IPHIGÉNIE.

Que tardez-vous, madame, à le faire avertir?

ÉRIPHILE.

D'Argos dans un moment vous reprenez la route.

IPHIGÉNIE.

Un moment quelquefois éclaircit plus d'un doute.
Mais, madame, je vois que c'est trop vous presser;
Je vois ce que jamais je n'ai voulu penser:
Achille.... Vous brûlez que je ne sois partie.

ÉRIPHILE.

Moi! vous me soupçonnez de cette perfidie!
Moi! j'aimerois, madame, un vainqueur furieux,
Qui toujours tout sanglant se présente à mes yeux;
Qui la flamme à la main et de meurtres avide,

Mit en cendres Lesbos...

IPHIGÉNIE.

Oui, vous l'aimez, perfide ;
Et ces mêmes fureurs que vous me dépeignez,
Ces bras que dans le sang vous avez vus baignés,
Ces morts, cette Lesbos, ces cendres, cette flamme
Sont les traits dont l'amour l'a gravé dans votre ame ;
Et loin d'en détester le cruel souvenir
Vous vous plaisez encor à m'en entretenir.
Déjà plus d'une fois dans vos plaintes forcées
J'ai dû voir et j'ai vu le fond de vos pensées :
Mais toujours sur mes yeux ma facile bonté
A remis le bandeau que j'avois écarté.
Vous l'aimez. Que faisois-je ? et quelle erreur fatale
M'a fait entre mes bras recevoir ma rivale ?
Crédule, je l'aimois : mon cœur même aujourd'hui
De son parjure amant lui promettoit l'appui.
Voilà donc le triomphe où j'étois amenée !
Moi-même à votre char je me suis enchaînée.
Je vous pardonne hélas ! des vœux intéressés,
Et la perte d'un cœur que vous me ravissez :
Mais que sans m'avertir du piége qu'on me dresse,
Vous me laissiez chercher jusqu'au fond de la Grèce
L'ingrat qui ne m'attend que pour m'abandonner,
Perfide, cet affront se peut-il pardonner ?

ÉRIPHILE.

Vous me donnez des noms qui doivent me surprendre,
Madame : on ne m'a pas instruite à les entendre ;
Et les dieux, contre moi dès long-temps indignés,
A mon oreille encor les avoient épargnés.
Mais il faut des amans excuser l'injustice.
Et de quoi vouliez-vous que je vous avertisse ?
Avez-vous pu penser qu'au sang d'Agamemnon
Achille préférât une fille sans nom,
Qui de tout son destin ce qu'elle a pu comprendre

C'est qu'elle sort d'un sang qu'il brûle de répandre?
IPHIGÉNIE.

Vous triomphez, cruelle, et bravez ma douleur.
Je n'avois pas encor senti tout mon malheur ;
Et vous ne comparez votre exil et ma gloire
Que pour mieux relever votre injuste victoire.
Toutefois vos transports sont trop précipités :
Ce même Agamemnon à qui vous insultez
Il commande à la Grèce, il est mon père, il m'aime,
Il ressent mes douleurs beaucoup plus que moi-même.
Mes larmes par avance avoient su le toucher ;
J'ai surpris ses soupirs qu'il me vouloit cacher :
Hélas ! de son accueil condamnant la tristesse,
J'osois me plaindre à lui de son peu de tendresse !

SCÈNE VI.

ACHILLE, IPHIGÉNIE, ÉRIPHILE, DORIS.

ACHILLE.

Il est donc vrai, madame, et c'est vous que je vois !
Je soupçonnois d'erreur tout le camp à la fois.
Vous en Aulide ! vous ! Et qu'y venez-vous faire ?
D'où vient qu'Agamemnon m'assuroit le contraire ?
IPHIGÉNIE.

Seigneur, rassurez-vous : vos vœux seront contens ;
Iphigénie encor n'y sera pas long-temps.

SCÈNE VII.

ACHILLE, ÉRIPHILE, DORIS.

ACHILLE.

Elle me fuit ! Veillé-je ? ou n'est-ce point un songe ?

Dans quel trouble nouveau cette fuite me plonge !
Madame, je ne sais si sans vous irriter
Achille devant vous pourra se présenter :
Mais si d'un ennemi vous souffrez la prière,
Si lui-même souvent a plaint sa prisonnière,
Vous savez quel sujet conduit ici leurs pas,
Vous savez...

ÉRIPHILE.

Quoi ! seigneur, ne le savez-vous pas,
Vous qui, depuis un mois brûlant sur ce rivage,
Avez conclu vous-même et hâté leur voyage ?

ACHILLE.

De ce même rivage absent depuis un mois,
Je le revis hier pour la première fois.

ÉRIPHILE.

Quoi ! lorsqu'Agamemnon écrivoit à Mycène,
Votre amour, votre main n'a pas conduit la sienne ?
Quoi ! vous qui de sa fille adoriez les attraits...

ACHILLE.

Vous m'en voyez encore épris plus que jamais,
Madame : et si l'effet eût suivi ma pensée
Moi-même dans Argos je l'aurois devancée.
Cependant on me fuit. Quel crime ai-je commis ?
Mais je ne vois partout que des yeux ennemis :
Que dis-je ! en ce moment, Calchas, Nestor, Ulysse,
De leur vaine éloquence employant l'artifice,
Combattoient mon amour, et sembloient m'annoncer
Que si j'en crois ma gloire il y faut renoncer.
Quelle entreprise ici pourroit être formée ?
Suis-je sans le savoir la fable de l'armée ?
Entrons : c'est un secret qu'il leur faut arracher.

SCÈNE VIII.

ÉRIPHILE, DORIS.

ÉRIPHILE.

Dieux, qui voyez ma honte, où me dois-je cacher ?
Orgueilleuse rivale, on t'aime, et tu murmures !
Souffrirai-je à la fois ta gloire et tes injures ?
Ah ! plutôt... Mais, Doris, ou j'aime à me flatter,
Ou sur eux quelque orage est tout près d'éclater ;
J'ai des yeux. Leur bonheur n'est pas encor tranquille :
On trompe Iphigénie, on se cache d'Achille,
Agamemnon gémit. Ne désespérons point ;
Et si le sort contre elle à ma haine se joint
Je saurai profiter de cette intelligence
Pour ne pas pleurer seule et mourir sans vengeance.

ACTE TROISIÈME.

SCÈNE I.

AGAMEMNON, CLYTEMNESTRE.

CLYTEMNESTRE.

Oui, seigneur, nous partions, et mon juste courroux
Laissoit bientôt Achille et le camp loin de nous :
Ma fille dans Argos couroit pleurer sa honte.
Mais lui-même, étonné d'une fuite si prompte,
Par combien de sermens, dont je n'ai pu douter,
Vient-il de me convaincre et de nous arrêter !
Il presse cet hymen qu'on prétend qu'il diffère,
Et vous cherche, brûlant d'amour et de colère :
Prêt d'imposer silence à ce bruit imposteur,
Achille en veut connoître et confondre l'auteur.
Bannissez ces soupçons qui troublent notre joie.

AGAMEMNON.

Madame, c'est assez : je consens qu'on le croie.
Je reconnois l'erreur qui nous avoit séduits,
Et ressens votre joie autant que je le puis.
Vous voulez que Calchas l'unisse à ma famille :
Vous pouvez à l'autel envoyer votre fille ;
Je l'attends. Mais avant que de passer plus loin
J'ai voulu vous parler un moment sans témoin.
Vous voyez en quels lieux vous l'avez amenée :
Tout y ressent la guerre, et non point l'hyménée.
Le tumulte d'un camp, soldats et matelots,
Un autel hérissé de dards, de javelots,
Tout ce spectacle enfin, pompe digne d'Achille,

Pour attirer vos yeux n'est point assez tranquille ;
Et les Grecs y verroient l'épouse de leur roi
Dans un état indigne et de vous et de moi.
M'en croirez-vous ? laissez, de vos femmes suivie,
A cet hymen sans vous marcher Iphigénie.

CLYTEMNESTRE.

Qui ? moi ! que remettant ma fille en d'autres bras,
Ce que j'ai commencé je ne l'achève pas ?
Qu'après l'avoir d'Argos amenée en Aulide
Je refuse à l'autel de lui servir de guide ?
Dois-je donc de Calchas être moins près que vous ?
Et qui présentera ma fille à son époux ?
Quelle autre ordonnera cette pompe sacrée ?

AGAMEMNON.

Vous n'êtes point ici dans le palais d'Atrée :
Vous êtes dans un camp...

CLYTEMNESTRE.

    Où tout vous est soumis,
Où le sort de l'Asie en vos mains est remis,
Où je vois sous vos lois marcher la Grèce entière,
Où le fils de Thétis va m'appeler sa mère.
Dans quel palais superbe et plein de ma grandeur
Puis-je jamais paroître avec plus de splendeur ?

AGAMEMNON.

Madame, au nom des dieux auteurs de notre race,
Daignez à mon amour accorder cette grâce.
J'ai mes raisons.

CLYTEMNESTRE.

    Seigneur, au nom des mêmes dieux,
D'un spectacle si doux ne privez point mes yeux.
Daignez ne point ici rougir de ma présence.

AGAMEMNON.

J'avois plus espéré de votre complaisance.
Mais, puisque la raison ne vous peut émouvoir,

Puisqu'enfin ma prière a si peu de pouvoir,
Vous avez entendu ce que je vous demande,
Madame ; je le veux, et je vous le commande.
Obéissez.

SCÈNE II.

CLYTEMNESTRE.

D'où vient que d'un soin si cruel
L'injuste Agamemnon m'écarte de l'autel ?
Fier de son nouveau rang m'ose-t-il méconnoître ?
Me croit-il à sa suite indigne de paroître ?
Ou, de l'empire encor timide possesseur,
N'oseroit-il d'Hélène ici montrer la sœur ?
Et pourquoi me cacher ? et par quelle injustice
Faut-il que sur mon front sa honte rejaillisse ?
Mais n'importe ; il le veut, et mon cœur s'y résout.
Ma fille, ton bonheur me console de tout :
Le ciel te donne Achille, et ma joie est extrême
De t'entendre nommer.... Mais le voici lui-même.

SCÈNE III.

ACHILLE, CLYTEMNESTRE.

ACHILLE.

Tout succède, madame, à mon empressement ;
Le roi n'a point voulu d'autre éclaircissement :
Il en croit mes transports, et sans presque m'entendre
Il vient en m'embrassant de m'accepter pour gendre.
Il ne m'a dit qu'un mot. Mais vous a-t-il conté
Quel bonheur dans le camp vous avez apporté ?
Les dieux vont s'apaiser : du moins Calchas publie
Qu'avec eux dans une heure il nous réconcilie ;

Que Neptune et les vents, prêts à nous exaucer,
N'attendent que le sang que sa main va verser.
Déjà dans les vaisseaux la voile se déploie;
Déjà sur sa parole ils se tournent vers Troie.
Pour moi, quoique le ciel au gré de mon amour
Dût encore des vents retarder le retour,
Que je quitte à regret la rive fortunée
Où je vais allumer les flambeaux d'hyménée.
Puis-je ne point chérir l'heureuse occasion
D'aller du sang troyen sceller notre union,
Et de laisser bientôt, sous Troie ensevelie,
Le déshonneur d'un nom à qui le mien s'allie?

SCÈNE IV.

ACHILLE, CLYTEMNESTRE, IPHIGÉNIE, ÉRIPHILE, DORIS, ÆGINE.

ACHILLE.

Princesse, mon bonheur ne dépend que de vous;
Votre père à l'autel vous destine un époux :
Venez y recevoir un cœur qui vous adore.

IPHIGÉNIE.

Seigneur, il n'est pas temps que nous partions encore.
La reine permettra que j'ose demander
Un gage à votre amour, qu'il me doit accorder.
Je viens vous présenter une jeune princesse :
Le ciel a sur son front imprimé sa noblesse.
De larmes tous les jours ses yeux sont arrosés;
Vous savez ses malheurs, vous les avez causés.
Moi-même, où m'emportoit une aveugle colère!
J'ai tantôt sans respect affligé sa misère.
Que ne puis-je aussi bien, par d'utiles secours,
Réparer promptement mes injustes discours!

Je lui prête ma voix, je ne puis davantage.
Vous seul pouvez, seigneur, détruire votre ouvrage:
Elle est votre captive, et ses fers que je plains
Quand vous l'ordonnerez tomberont de ses mains.
Commencez donc par là cette heureuse journée.
Qu'elle puisse à nous voir n'être plus condamnée.
Montrez que je vais suivre au pied de nos autels
Un roi qui, non content d'effrayer les mortels,
A des embrassemens ne borne point sa gloire,
Laisse aux pleurs d'une épouse attendrir sa victoire,
Et, par les malheureux quelquefois désarmé,
Sait imiter en tout les dieux qui l'ont formé.

ÉRIPHILE.

Oui, seigneur, des douleurs soulagez la plus vive.
La guerre dans Lesbos me fit votre captive :
Mais c'est pousser trop loin ses droits injurieux
Qu'y joindre le tourment que je souffre en ces lieux.

ACHILLE.

Vous, madame?

ÉRIPHILE.

       Oui, seigneur; et sans compter le reste
Pouvez-vous m'imposer une loi plus funeste
Que de rendre mes yeux les tristes spectateurs
De la félicité de mes persécuteurs?
J'entends de toutes parts menacer ma patrie;
Je vois marcher contre elle une armée en furie;
Je vois déjà l'hymen, pour mieux me déchirer,
Mettre en vos mains le feu qui la doit dévorer.
Souffrez que loin du camp et loin de votre vue,
Toujours infortunée et toujours inconnue,
J'aille cacher un sort si digne de pitié,
Et dont mes pleurs encor vous taisent la moitié.

ACHILLE.

C'est trop, belle princesse : il ne faut que nous suivre.
Venez, qu'aux yeux des Grecs Achille vous délivre,

Et que le doux moment de ma félicité
Soit le moment heureux de votre liberté.

SCÈNE V.

CLYTEMNESTRE, ACHILLE, IPHIGÉNIE, ÉRIPHILE, ARCAS, ÆGINE, DORIS.

ARCAS.

Madame, tout est prêt pour la cérémonie.
Le roi près de l'autel attend Iphigénie ;
Je viens la demander, ou plutôt contre lui,
Seigneur, je viens pour elle implorer votre appui.

ACHILLE.

Arcas, que dites-vous ?

CLYTEMNESTRE.

     Dieux ! que vient-il m'apprendre

ARCAS à Achille.

Je ne vois plus que vous qui la puissiez défendre.

ACHILLE.

Contre qui ?

ARCAS.

     Je le nomme et l'accuse à regret ;
Autant que je l'ai pu j'ai gardé son secret :
Mais le fer, le bandeau, la flamme est toute prête.
Dût tout cet appareil retomber sur ma tête,
Il faut parler.

CLYTEMNESTRE.

     Je tremble. Expliquez-vous, Arcas.

ACHILLE.

Qui que ce soit, parlez, et ne le craignez pas.

ARCAS.

Vous êtes son amant, et vous êtes sa mère :
Gardez-vous d'envoyer la princesse à son père.

CLYTEMNESTRE.

Pourquoi le craindrons-nous ?

ACHILLE.

Pourquoi m'en défier ?

ARCAS.

Il l'attend à l'autel pour la sacrifier.

ACHILLE.

Lui!

CLYTEMNESTRE.

Sa fille!

IPHIGÉNIE.

Mon père !

ÉRIPHILE.

Oh, ciel! quelle nouvelle !

ACHILLE.

Quelle aveugle fureur pourroit l'armer contre elle ?
Ce discours sans horreur se peut-il écouter ?

ARCAS.

Ah ! seigneur, plût au ciel que je pusse en douter !
Par la voix de Calchas l'oracle la demande ;
De toute autre victime il refuse l'offrande,
Et les dieux, jusque là protecteurs de Pâris,
Ne nous promettent Troie et les vents qu'à ce prix.

CLYTEMNESTRE.

Les dieux ordonneroient un meurtre abominable !

IPHIGÉNIE.

Ciel ! pour tant de rigueur de quoi suis-je coupable ?

CLYTEMNESTRE.

Je ne m'étonne plus de cet ordre cruel
Qui m'avoit interdit l'approche de l'autel.

IPHIGÉNIE à Achille.

Et voilà donc l'hymen où j'étois destinée !

ARCAS.

Le roi pour vous tromper feignoit cet hyménée :

Tout le camp même encore est trompé comme vous.

CLYTEMNESTRE.

Seigneur, c'est donc à moi d'embrasser vos genoux.

ACHILLE la relevant.

Ah ! madame !

CLYTEMNESTRE.

Oubliez une gloire importune ;
Ce triste abaissement convient à ma fortune :
Heureuse si mes pleurs vous peuvent attendrir !
Une mère à vos pieds peut tomber sans rougir.
C'est votre épouse, hélas ! qui vous est enlevée ;
Dans cet heureux espoir je l'avois élevée.
C'est vous que nous cherchions sur ce funeste bord ;
Et votre nom, seigneur, la conduit à la mort.
Ira-t-elle, des dieux implorant la justice,
Embrasser leurs autels parés pour son supplice ?
Elle n'a que vous seul : vous êtes en ces lieux
Son père, son époux, son asile, ses dieux.
Je lis dans vos regards la douleur qui vous presse.
Auprès de votre époux, ma fille, je vous laisse.
Seigneur, daignez m'attendre et ne la point quitter :
A mon perfide époux je cours me présenter ;
Il ne soutiendra point la fureur qui m'anime.
Il faudra que Calchas cherche une autre victime :
Ou si je ne vous puis dérober à leurs coups,
Ma fille, ils pourront bien m'immoler avant vous.

SCÈNE VI.

ACHILLE, IPHIGÉNIE.

ACHILLE.

Madame, je me tais et demeure immobile.
Est-ce à moi que l'on parle ? et connoît-on Achille ?
Une mère pour vous croit devoir me prier !

Une reine à mes pieds se vient humilier!
Et, me déshonorant par d'injustes alarmes,
Pour attendrir mon cœur on a recours aux larmes!
Qui doit prendre à vos jours plus d'intérêt que moi?
Ah! sans doute on s'en peut reposer sur ma foi.
L'outrage me regarde, et quoi qu'on entreprenne,
Je réponds d'une vie où j'attache la mienne.
Mais ma juste douleur va plus loin m'engager:
C'est peu de vous défendre, et je cours vous venger,
Et punir à la fois le cruel stratagème
Qui s'ose de mon nom armer contre vous-même.

IPHIGÉNIE.

Ah! demeurez, seigneur, et daignez m'écouter.

ACHILLE.

Quoi! madame, un barbare osera m'insulter!
Il voit que de sa sœur je cours venger l'outrage:
Il sait que, le premier lui donnant mon suffrage,
Je le fis nommer chef de vingt rois ses rivaux;
Et, pour fruit de mes soins, pour fruit de mes travaux,
Pour tout le prix enfin d'une illustre victoire
Qui le doit enrichir, venger, combler de gloire,
Content et glorieux du nom de votre époux,
Je ne lui demandois que l'honneur d'être à vous.
Cependant aujourd'hui sanguinaire, parjure,
C'est peu de violer l'amitié, la nature,
C'est peu que de vouloir sous un couteau mortel
Me montrer votre cœur fumant sur un autel;
D'un appareil d'hymen couvrant ce sacrifice,
Il veut que ce soit moi qui vous mène au supplice,
Que ma crédule main conduise le couteau,
Qu'au lieu de votre époux je sois votre bourreau!
Et quel étoit pour vous ce sanglant hyménée
Si je fusse arrivé plus tard d'une journée?
Quoi donc! à leur fureur livrée en ce moment,
Vous iriez à l'autel me chercher vainement,

Et d'un fer imprévu vous tomberiez frappée
En accusant mon nom qui vous auroit trompée !
Il faut de ce péril, de cette trahison
Aux yeux de tous les Grecs lui demander raison.
A l'honneur d'un époux vous-même intéressée,
Madame, vous devez approuver ma pensée.
Il faut que le cruel qui m'a pu mépriser
Apprenne de quel nom il osoit abuser.

IPHIGÉNIE.

Hélas ! si vous m'aimez, si pour grâce dernière
Vous daignez d'une amante écouter la prière,
C'est maintenant, seigneur, qu'il faut me le prouver;
Car enfin ce cruel que vous allez braver,
Cet ennemi barbare, injuste, sanguinaire,
Songez, quoi qu'il ait fait, songez qu'il est mon père.

ACHILLE.

Lui, votre père ! Après son horrible dessein
Je ne le connois plus que pour votre assassin.

IPHIGÉNIE.

C'est mon père, seigneur, je vous le dis encore,
Mais un père que j'aime, un père que j'adore,
Qui me chérit lui-même, et dont jusqu'à ce jour
Je n'ai jamais reçu que des marques d'amour.
Mon cœur dans ce respect élevé dès l'enfance,
Ne peut que s'affliger de tout ce qui l'offense;
Et loin d'oser ici par un prompt changement
Approuver la fureur de votre emportement,
Loin que par mes discours je l'attise moi-même,
Croyez qu'il faut aimer autant que je vous aime
Pour avoir pu souffrir tous les noms odieux
Dont votre amour le vient d'outrager à mes yeux.
Et pourquoi voulez-vous qu'inhumain et barbare
Il ne gémisse pas du coup qu'on me prépare ?
Quel père de son sang se plaît à se priver ?
Pourquoi me perdroit-il s'il pouvoit me sauver ?

J'ai vu, n'en doutez point, ses larmes se répandre.
Faut-il le condamner avant que de l'entendre?
Hélas! de tant d'horreurs son cœur déjà troublé
Doit-il de votre haine être encore accablé?

ACHILLE.

Quoi! madame, parmi tant de sujets de crainte
Ce sont là les frayeurs dont vous êtes atteinte!
Un cruel (comment puis-je autrement l'appeler?)
Par la main de Calchas s'en va vous immoler;
Et lorsqu'à sa fureur j'oppose ma tendresse
Le soin de son repos est le seul qui vous presse!
On me ferme la bouche! on l'excuse! on le plaint!
C'est pour lui que l'on tremble, et c'est moi que l'on craint
Triste effet de mes soins! est-ce donc là, madame,
Tout le progrès qu'Achille avoit fait dans votre ame?

IPHIGÉNIE.

Ah cruel! cet amour, dont vous voulez douter,
Ai-je attendu si tard pour le faire éclater?
Vous voyez de quel œil, et comme indifférente
J'ai reçu de ma mort la nouvelle sanglante:
Je n'en ai point pâli. Que n'avez-vous pu voir
A quel excès tantôt alloit mon désespoir
Quand presque en arrivant un récit peu fidèle
M'a de votre inconstance annoncé la nouvelle!
Quel trouble, quel torrent de mots injurieux
Accusoit à la fois les hommes et les dieux!
Ah! que vous auriez vu, sans que je vous le die,
De combien votre amour m'est plus cher que ma vie!
Qui sait même, qui sait si le ciel irrité
A pu souffrir l'excès de ma félicité?
Hélas! il me sembloit qu'une flamme si belle
M'élevoit au dessus du sort d'une mortelle!

ACHILLE.

Ah! si je vous suis cher, ma princesse, vivez.

21.

SCÈNE VII.

CLYTEMNESTRE, IPHIGÉNIE, ACHILLE,
ÆGINE.

CLYTEMNESTRE.

Tout est perdu, seigneur, si vous ne nous sauvez.
Agamemnon m'évite, et, craignant mon visage,
Il me fait de l'autel refuser le passage :
Des gardes, que lui-même a pris soin de placer,
Nous ont de toutes parts défendu de passer.
Il me fuit. Ma douleur étonne son audace.

ACHILLE.

Eh bien! c'est donc à moi de prendre votre place.
Il me verra, madame, et je vais lui parler.

IPHIGÉNIE.

Ah! madame... Ah! seigneur, où voulez-vous aller?

ACHILLE.

Et que prétend de moi votre injuste prière?
Vous faudra-t-il toujours combattre la première?

CLYTEMNESTRE.

Quel est votre dessein, ma fille?

IPHIGÉNIE.

Au nom des dieux,
Madame, retenez un amant furieux :
De ce triste entretien détournons les approches.
Seigneur, trop d'amertume aigriroit vos reproches.
Je sais jusqu'où s'emporte un amant irrité,
Et mon père est jaloux de son autorité :
On ne connoît que trop la fierté des Atrides.
Laissez parler, seigneur, des bouches plus timides.
Surpris, n'en doutez point, de mon retardement,
Lui-même il me viendra chercher dans un moment :

Il entendra gémir une mère oppressée :
Et que ne pourra point m'inspirer la pensée
De prévenir les pleurs que vous verseriez tous,
D'arrêter vos transports et de vivre pour vous!

ACHILLE.

Enfin vous le voulez : il faut donc vous complaire.
Donnez-lui l'une et l'autre un conseil salutaire;
Rappelez sa raison ; persuadez-le bien
Pour vous, pour mon repos et surtout pour le sien.
Je perds trop de momens en des discours frivoles;
Il faut des actions et non pas des paroles.

(A Clytemnestre.)

Madame, à vous servir je vais tout disposer :
Dans votre appartement allez vous reposer.
Votre fille vivra, je puis vous le prédire.
Croyez du moins, croyez que tant que je respire
Les dieux auront en vain ordonné son trépas :
Cet oracle est plus sûr que celui de Calchas.

ACTE QUATRIÈME.

SCÈNE I.

ÉRIPHILE, DORIS.

DORIS.

Ah ! que me dites-vous ? Quelle étrange manie
Vous peut faire envier le sort d'Iphigénie ?
Dans une heure elle expire : et jamais, dites-vous,
Vos yeux de son bonheur ne furent plus jaloux.
Qui le croira, madame ? et quel cœur si farouche...

ÉRIPHILE.

Jamais rien de plus vrai n'est sorti de ma bouche :
Jamais de tant de soins mon esprit agité
Ne porta plus d'envie à sa félicité.
Favorables périls ! espérance inutile !
N'as-tu pas vu sa gloire et le trouble d'Achille ?
J'en ai vu, j'en ai fui les signes trop certains.
Ce héros, si terrible au reste des humains,
Qui ne connoît de pleurs que ceux qu'il fait répandre,
Qui s'endurcit contre eux dès l'âge le plus tendre,
Et qui, si l'on nous fait un fidèle discours,
Suça même le sang des lions et des ours,
Pour elle de la crainte a fait l'apprentissage :
Elle l'a vu pleurer et changer de visage.
Et tu la plains, Doris ! Par combien de malheurs
Ne lui voudrois-je point disputer de tels pleurs !
Quand je devrois comme elle expirer dans une heure...
Mais que dis-je expirer ! ne crois pas qu'elle meure,
Dans un lâche sommeil crois-tu qu'enseveli
Achille aura pour elle impunément pâli ?

Achille à son malheur saura bien mettre obstacle.
Tu verras que les dieux n'ont dicté cet oracle
Que pour croître à la fois sa gloire et mon tourment,
Et la rendre plus belle aux yeux de son amant.
Eh, quoi! ne vois-tu pas tout ce qu'on fait pour elle?
On supprime des dieux la sentence mortelle;
Et quoique le bûcher soit déjà préparé,
Le nom de la victime est encore ignoré:
Tout le camp n'en sait rien. Doris, à ce silence
Ne reconnois-tu pas un père qui balance?
Et que fera-t-il donc? Quel courage endurci
Soutiendroit les assauts qu'on lui prépare ici:
Une mère en fureur, les larmes d'une fille,
Les cris, le désespoir de toute une famille,
Le sang à ces objets facile à s'ébranler,
Achille menaçant tout prêt à l'accabler?
Non, te dis-je, les dieux l'ont en vain condamnée:
Je suis et je serai la seule infortunée.
Ah! si je m'en croyois!...

DORIS.

Quoi? que méditez-vous?

ÉRIPHILE.

Je ne sais qui m'arrête et retient mon courroux,
Que par un prompt avis de tout ce qui se passe
Je ne coure des dieux divulguer la menace,
Et publier partout les complots criminels
Qu'on fait ici contre eux et contre leurs autels.

DORIS.

Ah! quel dessein, madame!

ÉRIPHILE.

Ah Doris! quelle joie!
Que d'encens brûleroit dans les temples de Troie
Si, troublant tous les Grecs et vengeant ma prison,
Je pouvois contre Achille armer Agamemnon;

Si leur haine, de Troie oubliant la querelle,
Tournoit contre eux le fer qu'ils aiguisent contre elle,
Et si de tout le camp mes avis dangereux
Faisoient à ma patrie un sacrifice heureux!

DORIS.

J'entends du bruit. On vient : Clytemnestre s'avance.
Remettez vous, madame, ou fuyez sa présence.

ÉRIPHILE.

Rentrons. Et pour troubler un hymen odieux
Consultons des fureurs qu'autorisent les dieux.

SCÈNE II.

CLYTEMNESTRE, ÆGINE.

CLYTEMNESTRE.

Ægine, tu le vois, il faut que je la fuie.
Loin que ma fille pleure et tremble pour sa vie,
Elle excuse son père, et veut que ma douleur
Respecte encor la main qui lui perce le cœur.
O constance! ô respect! Pour prix de sa tendresse
Le barbare à l'autel se plaint de sa paresse.
Je l'attends : il viendra m'en demander raison,
Et croit pouvoir encor cacher sa trahison.
Il vient. Sans éclater contre son injustice,
Voyons s'il soutiendra son indigne artifice.

SCÈNE III.

AGAMEMNON, CLYTEMNESTRE, ÆGINE.

AGAMEMNON.

Que faites-vous, madame? et d'où vient que ces lieux
N'offrent point avec vous votre fille à mes yeux?

Mes ordres par Arcas vous l'avoient demandée :
Qu'attend-elle ? Est-ce vous qui l'avez retardée ?
A mes justes désirs ne vous rendez-vous pas ?
Ne peut-elle à l'autel marcher que sur vos pas ?
Parlez.

CLYTEMNESTRE.

S'il faut partir ma fille est toute prête.
Mais vous n'avez-vous rien, seigneur, qui vous arrête ?

AGAMEMNON.

Moi, madame ?

CLYTEMNESTRE.

Vos soins ont-ils tout préparé ?

AGAMEMNON.

Calchas est prêt, madame, et l'autel est paré.
J'ai fait ce que m'ordonne un devoir légitime.

CLYTEMNESTRE.

Vous ne me parlez point, seigneur, de la victime.

AGAMEMNON.

Que me voulez-vous dire ? et de quel soin jaloux...

SCÈNE IV.

AGAMEMNON, CLYTEMNESTRE, IPHI-GÉNIE, ÆGINE.

CLYTEMNESTRE.

Venez, venez, ma fille : on n'attend plus que vous ;
Venez remercier un père qui vous aime,
Et qui veut à l'autel vous conduire lui-même.

AGAMEMNON.

Que vois-je ! quel discours ! Ma fille, vous pleurez
Et baissez devant moi vos yeux mal assurés :
Quel trouble ! Mais tout pleure, et la fille et la mère.
Ah ! malheureux Arcas, tu m'as trahi !

IPHIGÉNIE.

Mon père,
Cessez de vous troubler ; vous n'êtes point trahi :
Quand vous commandérez vous serez obéi.
Ma vie est votre bien ; vous voulez le reprendre :
Vos ordres sans détour pouvoient se faire entendre.
D'un œil aussi content, d'un cœur aussi soumis
Que j'acceptois l'époux que vous m'aviez promis,
Je saurai s'il le faut, victime obéissante,
Tendre au fer de Calchas une tête innocente ;
Et, respectant le coup par vous-même ordonné,
Vous rendre tout le sang que vous m'avez donné.
Si pourtant ce respect, si cette obéissance
Paroît digne à vos yeux d'une autre récompense,
Si d'une mère en pleurs vous plaignez les ennuis,
J'ose vous dire ici qu'en l'état où je suis
Peut-être assez d'honneurs environnoient ma vie
Pour ne pas souhaiter qu'elle me fût ravie,
Ni qu'en me l'arrachant un sévère destin
Si près de ma naissance en eût marqué la fin.
Fille d'Agamemnon, c'est moi qui la première,
Seigneur, vous appelai de ce doux nom de père ;
C'est moi qui, si long-temps le plaisir de vos yeux,
Vous ai fait de ce nom remercier les dieux,
Et pour qui, tant de fois prodiguant vos caresses,
Vous n'avez point du sang dédaigné les foiblesses.
Hélas ! avec plaisir je me faisois conter
Tous les noms des pays que vous allez dompter ;
Et déjà d'Ilion présageant la conquête
D'un triomphe si beau je préparois la fête.
Je ne m'attendois pas que pour le commencer
Mon sang fût le premier que vous dussiez verser.
Non que la peur du coup dont je suis menacée
Me fasse rappeler votre bonté passée :
Ne craignez rien ; mon cœur de votre honneur jaloux

Ne fera point rougir un père tel que vous;
Et si je n'avois eu que ma vie à défendre
J'aurois su renfermer un souvenir si tendre.
Mais à mon triste sort, vous le savez, seigneur,
Une mère, un amant attachoient leur bonheur.
Un roi digne de vous a cru voir la journée
Qui devoit éclairer notre illustre hyménée;
Déjà, sûr de mon cœur à sa flamme promis,
Il s'estimoit heureux : vous me l'aviez permis.
Il sait votre dessein, jugez de ses alarmes;
Ma mère est devant vous, et vous voyez ses larmes.
Pardonnez aux efforts que je viens de tenter
Pour prévenir les pleurs que je leur vais coûter.

AGAMEMNON.

Ma fille, il est trop vrai. J'ignore pour quel crime
La colère des dieux demande une victime.
Mais ils vous ont nommée : un oracle cruel
Veut qu'ici votre sang coule sur un autel.
Pour défendre vos jours de leurs lois meurtrières
Mon amour n'avoit pas attendu vos prières.
Je ne vous dirai point combien j'ai résisté :
Croyez-en cet amour par vous-même attesté.
Cette nuit même encore, on a pu vous le dire,
J'avois révoqué l'ordre où l'on me fit souscrire;
Sur l'intérêt des Grecs vous l'aviez emporté :
Je vous sacrifiois mon rang, ma sûreté.
Arcas alloit du camp vous défendre l'entrée :
Les dieux n'ont pas voulu qu'il vous ait rencontrée;
Ils ont trompé les soins d'un père infortuné
Qui protégeoit en vain ce qu'ils ont condamné
Ne vous assurez point sur ma foible puissance :
Quel frein pourroit d'un peuple arrêter la licence,
Quand les dieux, nous livrant à son zèle indiscret,
L'affranchissent d'un joug qu'il portoit à regret?
Ma fille, il faut céder : votre heure est arrivée.

Songez bien dans quel rang vous êtes élevée :
Je vous donne un conseil qu'à peine je reçoi ;
Du coup qui vous attend vous mourrez moins que moi.
Montrez en expirant de qui vous êtes née :
Faites rougir ces dieux qui vous ont condamnée.
Allez ; et que les Grecs, qui vont vous immoler,
Reconnoissent mon sang en le voyant couler.

CLYTEMNESTRE.

Vous ne démentez point une race funeste ;
Oui, vous êtes le sang d'Atrée et de Thyeste :
Bourreau de votre fille, il ne vous reste enfin
Que d'en faire à sa mère un horrible festin.
Barbare ! c'est donc là cet heureux sacrifice
Que vos soins préparoient avec tant d'artifice !
Quoi ! l'horreur de souscrire à cet ordre inhumain
N'a pas en le traçant arrêté votre main !
Pourquoi feindre à nos yeux une fausse tristesse ?
Pensez-vous par des pleurs prouver votre tendresse ?
Où sont-ils ces combats que vous avez rendus ?
Quels flots de sang pour elle avez-vous répandus ?
Quel débris parle ici de votre résistance ?
Quel champ couvert de morts me condamne au silence ?
Voilà par quels témoins il falloit me prouver,
Cruel ! que votre amour a voulu la sauver.
Un oracle fatal ordonne qu'elle expire !
Un oracle dit-il tout ce qu'il semble dire ?
Le ciel, le juste ciel, par le meurtre honoré,
Du sang de l'innocence est-il donc altéré ?
Si du crime d'Hélène on punit sa famille,
Faites chercher à Sparte Hermione, sa fille :
Laissez à Ménélas racheter d'un tel prix
Sa coupable moitié, dont il est trop épris.
Mais vous quelles fureurs vous rendent sa victime ?
Pourquoi vous imposer la peine de son crime ?
Pourquoi moi-même enfin me déchirant le flanc

Payer sa folle amour du plus pur de mon sang?
Que dis-je! Cet objet de tant de jalousie,
Cette Hélène, qui trouble et l'Europe et l'Asie,
Vous semble-t-elle un prix digne de vos exploits?
Combien nos fronts pour elle ont-ils rougi de fois!
Avant qu'un nœud fatal l'unît à votre frère
Thésée avoit osé l'enlever à son père :
Vous savez, et Calchas mille fois vous l'a dit,
Qu'un hymen clandestin mit ce prince en son lit;
Et qu'il en eut pour gage une jeune princesse
Que sa mère a cachée au reste de la Grèce.
Mais non, l'amour d'un frère et son honneur blessé
Sont les moindres des soins dont vous êtes pressé :
Cette soif de régner que rien ne peut éteindre,
L'orgueil de voir vingt rois vous servir et vous craindr
Tous les droits de l'empire en vos mains confiés,
Cruel! c'est à ces dieux que vous sacrifiez;
Et, loin de repousser le coup qu'on vous prépare,
Vous voulez vous en faire un mérite barbare :
Trop jaloux d'un pouvoir qu'on peut vous envier,
De votre propre sang vous courez le payer,
Et voulez par ce prix épouvanter l'audace
De quiconque vous peut disputer votre place.
Est-ce donc être père? Ah! toute ma raison
Cède à la cruauté de cette trahison.
Un prêtre, environné d'une foule cruelle,
Portera sur ma fille une main criminelle,
Déchirera son sein, et d'un œil curieux
Dans son cœur palpitant consultera les dieux!
Et moi, qui l'amenai triomphante, adorée,
Je m'en retournerai seule et désespérée!
Je verrai les chemins encor tout parfumés
Des fleurs dont sous ses pas on les avoit semés!
Non, je ne l'aurai point amenée au supplice;
Ou vous ferez aux Grecs un double sacrifice.

Ni crainte ni respect ne m'en peut détacher :
De mes bras tout sanglans il faudra l'arracher.
Aussi barbare époux qu'impitoyable père,
Venez, si vous l'osez, la ravir à sa mère.
Et vous, rentrez, ma fille ; et du moins à mes lois
Obéissez encor pour la dernière fois.

SCÈNE V.

AGAMEMNON.

A de moindres fureurs je n'ai pas dû m'attendre.
Voilà, voilà les cris que je craignois d'entendre.
Heureux si dans le trouble où flottent mes esprits
Je n'avois toutefois à craindre que ces cris !
Hélas ! en m'imposant une loi si sévère,
Grandsdieux, me deviez-vous laisser un cœur de père !

SCÈNE VI.

AGAMEMNON, ACHILLE.

ACHILLE.

Un bruit assez étrange est venu jusqu'à moi,
Seigneur ; je l'ai jugé trop peu digne de foi.
On dit, et sans horreur je ne puis le redire,
Qu'aujourd'hui par votre ordre Iphigénie expire ;
Que vous-même, étouffant tout sentiment humain,
Vous l'allez à Calchas livrer de votre main :
On dit que sous mon nom à l'autel appelée
Je ne l'y conduisois que pour être immolée ;
Et que, d'un faux hymen nous abusant tous deux,
Vous vouliez me charger d'un emploi si honteux.
Qu'en dites-vous, seigneur ? Que faut-il que j'en pense ?
Ne ferez-vous pas taire un bruit qui vous offense ?

AGAMEMNON.

Seigneur, je ne rends point compte de mes desseins.
Ma fille ignore encor mes ordres souverains,
Et quand il sera temps qu'elle en soit informée
Vous apprendrez son sort, j'en instruirai l'armée.

ACHILLE.

Ah ! je sais trop le sort que vous lui réservez.

AGAMEMNON.

Pourquoi le demander puisque vous le savez ?

ACHILLE.

Pourquoi je le demande ? Oh, ciel ! le puis-je croire
Qu'on ose des fureurs avouer la plus noire !
Vous pensez qu'approuvant vos desseins odieux
Je vous laisse immoler votre fille à mes yeux ?
Que ma foi, mon amour, mon honneur y consente ?

AGAMEMNON.

Mais vous, qui me parlez d'une voix menaçante,
Oubliez-vous ici qui vous interrogez ?

ACHILLE.

Oubliez-vous qui j'aime et qui vous outragez ?

AGAMEMNON.

Et qui vous a chargé du soin de ma famille ?
Ne pourrai-je sans vous disposer de ma fille ?
Ne suis-je plus son père ? Etes-vous son époux ?
Et ne peut-elle...

ACHILLE.

Non, elle n'est plus à vous :
On ne m'abuse point par des promesses vaines.
Tant qu'un reste de sang coulera dans mes veines
Vous deviez à mon sort unir tous ses momens ;
Je défendrai mes droits fondés sur vos sermens,
Et n'est-ce pas pour moi que vous l'avez mandée.

AGAMEMNON.

Plaignez-vous donc aux dieux, qui me l'ont demandée.

Accusez et Calchas et le camp tout entier,
Ulysse, Ménélas et vous tout le premier.
ACHILLE.
Moi !
AGAMEMNON.
Vous qui, de l'Asie embrassant la conquête,
Querellez tous les jours le ciel qui vous arrête;
Vous qui, vous offensant de mes justes terreurs,
Avez dans tout le camp répandu vos fureurs.
Mon cœur pour la sauver vous ouvroit une voie;
Mais vous ne demandez, vous ne cherchez que Troie.
Je vous fermois le champ où vous voulez courir :
Vous le voulez, partez : sa mort va vous l'ouvrir.
ACHILLE.
Juste ciel ! puis-je entendre et souffrir ce langage?
Est-ce ainsi qu'au parjure on ajoute l'outrage?
Moi je voulois partir aux dépens de ses jours !
Et que m'a fait à moi cette Troie où je cours?
Au pied de ses remparts quel intérêt m'appelle?
Pour qui, sourd à la voix d'une mère immortelle
Et d'un père éperdu négligeant les avis,
Vais-je y chercher la mort tant prédite à leur fils?
Jamais vaisseaux partis des rives du Scamandre
Aux champs thessaliens osèrent-ils descendre!
Et jamais dans Larisse un lâche ravisseur
Me vint-il enlever ou ma femme ou ma sœur?
Qu'ai-je à me plaindre? Où sont les pertes que j'ai faites?
Je n'y vais que pour vous, barbare que vous êtes;
Pour vous à qui des Grecs moi seul je ne dois rien;
Vous que j'ai fait nommer et leur chef et le mien;
Vous que mon bras vengeoit dans Lesbos enflammée
Avant que vous eussiez assemblé votre armée.
Et quel fut le dessein qui nous assembla tous?
Ne courons-nous pas rendre Hélène à son époux?
Depuis quand pense-t-on qu'inutile à moi-même

Je me laisse ravir une épouse que j'aime ?
Seul d'un honteux affront votre frère blessé
A-t-il droit de venger son amour offensé ?
Votre fille me plut ; je prétendis lui plaire ;
Elle est de mes sermens seule dépositaire :
Content de son hymen, vaisseaux, armes, soldats,
Ma foi lui promit tout, et rien à Ménélas.
Qu'il poursuive s'il veut son épouse enlevée,
Qu'il cherche une victoire à mon sang réservée :
Je ne connois Priam, Hélène ni Paris ;
Je voulois votre fille, et ne pars qu'à ce prix.

AGAMEMNON.

Fuyez donc, retournez dans votre Thessalie.
Moi-même je vous rends le serment qui vous lie.
Assez d'autres viendront, à mes ordres soumis,
Se couvrir des lauriers qui vous furent promis,
Et par d'heureux exploits forçant la destinée
Trouveront d'Ilion la fatale journée.
J'entrevois vos mépris, et juge à vos discours
Combien j'acheterois vos superbes secours.
De la Grèce déjà vous vous rendez l'arbitre ;
Ses rois à vous ouir m'ont paré d'un vain titre.
Fier de votre valeur, tout, si je vous en crois,
Doit marcher, doit fléchir, doit trembler sous vos lois.
Un bienfait reproché tint toujours lieu d'offense :
Je veux moins de valeur, et plus d'obéissance.
Fuyez. Je ne crains point votre impuissant courroux,
Et je romps tous les nœuds qui m'attachent à vous.

ACHILLE.

Rendez grâce au seul nœud qui retient ma colère :
D'Iphigénie encor je respecte le père.
Peut-être sans ce nom le chef de tant de rois
M'auroit osé braver pour la dernière fois.
Je ne dis plus qu'un mot ; c'est à vous de m'entendre.
J'ai votre fille ensemble et ma gloire à défendre ;

Pour aller jusqu'au cœur que vous voulez percer
Voilà par quels chemins vos coups doivent passer.

SCÈNE VII.

AGAMEMNON.

Et voilà ce qui rend sa perte inévitable.
Ma fille toute seule étoit plus redoutable.
Ton insolent amour, qui croit m'épouvanter,
Vient de hâter le coup que tu veux arrêter.
Ne délibérons plus ; bravons sa violence :
Ma gloire intéressée emporte la balance.
Achille menaçant détermine mon cœur :
Ma pitié sembleroit un effet de ma peur.
Holà, gardes, à moi.

SCÈNE VIII.

AGAMEMNON, EURYBATE, GARDES.

EURYBATE.
Seigneur.
AGAMEMNON.
Que vais-je faire ?
Puis-je leur prononcer cet ordre sanguinaire ?
Cruel ! à quel combat faut-il te préparer !
Quel est cet ennemi que tu leur vas livrer ?
Une mère m'attend, une mère intrépide,
Qui défendra son sang contre un père homicide.
Je verrai mes soldats, moins barbares que moi,
Respecter dans ses bras la fille de leur roi.
Achille nous menace, Achille nous méprise :
Mais ma fille en est-elle à mes lois moins soumise ?

Ma fille, de l'autel cherchant à s'échapper,
Gémit-elle du coup dont je la veux frapper?
Que dis-je! Que prétend mon sacrilége zèle?
Quels vœux en l'immolant formerai-je sur elle?
Quelques prix glorieux qui me soient proposés,
Quels lauriers me plairont de son sang arrosés?
Je veux fléchir des dieux la puissance suprême :
Ah! quels dieux me seroient plus cruels que moi-même?
Non, je ne puis. Cédons au sang, à l'amitié,
Et ne rougissons plus d'une juste pitié :
Qu'elle vive... Mais quoi! peu jaloux de ma gloire,
Dois-je au superbe Achille accorder la victoire?
Son téméraire orgueil, que je vais redoubler,
Croira que je lui cède et qu'il m'a fait trembler...
De quel frivole soin mon esprit s'embarrasse?
Ne puis-je pas d'Achille humilier l'audace?
Que ma fille à ses yeux soit un sujet d'ennui :
Il l'aime, elle vivra pour un autre que lui.
Eurybate, appelez la princesse, la reine.
Qu'elles ne craignent point.

SCÈNE IX.

AGAMEMNON, GARDES.

AGAMEMNON.

Grands dieux! si votre haine
Persévère à vouloir l'arracher de mes mains,
Que peuvent devant vous tous les foibles humains?
Loin de la secourir, mon amitié l'opprime;
Je le sais: mais, grands dieux, une telle victime,
Vaut bien que, confirmant vos rigoureuses lois,
Vous me la demandiez une seconde fois.

SCÈNE X.

AGAMEMNON, CLYTEMNESTRE, IPHIGÉNIE, ÉRIPHILE, EURYBATE, DORIS, GARDES.

AGAMEMNON.

Allez, madame, allez ; prenez soin de sa vie :
Je vous rends votre fille, et je vous la confie.
Loin de ces lieux cruels précipitez ses pas :
Mes gardes vous suivront commandés par Arcas ;
Je veux bien excuser son heureuse imprudence.
Tout dépend du secret et de la diligence :
Ulysse ni Calchas n'ont point encor parlé ;
Gardez que ce départ ne leur soit révélé.
Cachez bien votre fille, et que tout le camp croie
Que je la retiens seule et que je vous renvoie.
Fuyez. Puissent les dieux, de mes larmes contens,
A mes tristes regards ne l'offrir de long-temps !
Gardes, suivez la reine.

CLYTEMNESTRE.

Ah, seigneur !

IPHIGÉNIE.

Ah, mon père !

AGAMEMNON.

Prévenez de Calchas l'empressement sévère :
Fuyez, vous dis-je. Et moi pour vous favoriser
Par de feintes raisons je m'en vais l'abuser :
Je vais faire suspendre une pompe funeste,
Et de ce jour au moins lui demander le reste.

SCÈNE XI.

ERIPHILE, DORIS.

ÉRIPHILE.

Suis-moi : ce n'est pas là, Doris, notre chemin.

DORIS.

Vous ne les suivez pas ?

ÉRIPHILE.

Ah! je succombe enfin.
Je reconnois l'effet des tendresses d'Achille.
Je n'emporterai point une rage inutile :
Plus de raisons : il faut ou la perdre ou périr.
Viens, te dis-je ; à Calchas je vais tout découvrir.

ACTE CINQUIÈME.

SCÈNE I.

IPHIGÉNIE, ÆGINE.

IPHIGÉNIE.

Cesse de m'arrêter. Va, retourne à ma mère,
Ægine : il faut des dieux apaiser la colère.
Pour ce sang malheureux qu'on veut leur dérober
Regarde quel orage est tout prêt à tomber;
Considère l'état où la reine est réduite;
Vois comme tout le camp s'oppose à notre fuite,
Avec quelle insolence ils ont de toutes parts
Fait briller à nos yeux la pointe de leurs dards.
Nos gardes repoussés, la reine évanouie...
Ah! c'est trop l'exposer : souffre que je la fuie;
Et sans attendre ici ces secours impuissans
Laisse-moi profiter du trouble de ses sens.
Mon père même, hélas! puisqu'il faut te le dire,
Mon père en me sauvant ordonne que j'expire.

ÆGINE.

Lui, madame! Quoi donc? qu'est-ce qui s'est passé?

IPHIGÉNIE.

Achille trop ardent l'a peut-être offensé :
Mais le roi, qui le hait, veut que je le haïsse;
Il ordonne à mon cœur cet affreux sacrifice :
Il m'a fait par Arcas expliquer ses souhaits;
Ægine, il me défend de lui parler jamais.

ÆGINE.

Ah, madame!

IPHIGÉNIE

Ah, sentence! ah, rigueur inouïe!
Dieux plus doux, vous n'avez demandé que ma vie!
Mourons, obéissons. Mais qu'est-ce que je vois?
Dieux! Achille!

SCÈNE II.

ACHILLE, IPHIGÉNIE.

ACHILLE.

Venez, madame, suivez-moi :
Ne craignez ni les cris ni la foule impuissante
D'un peuple qui se presse autour de cette tente.
Paroissez; et bientôt sans attendre mes coups
Ces flots tumultueux s'ouvriront devant vous.
Patrocle et quelques chefs, qui marchent à ma suite,
De mes Thessaliens vous amènent l'élite :
Tout le reste assemblé près de mon étendard
Vous offre de ses rangs l'invincible rempart.
A vos persécuteurs opposons cet asile :
Qu'ils viennent vous chercher sous les tentes d'Achille.
Quoi! madame, est-ce ainsi que vous me secondez?
Ce n'est que par des pleurs que vous me répondez!
Vous fiez-vous encore à de si foibles armes?
Hâtons-nous : votre père a déjà vu vos larmes.

IPHIGÉNIE.

Je le sais bien, seigneur; aussi tout mon espoir
N'est plus qu'au coup mortel que je vais recevoir.

ACHILLE.

Vous, mourir! Ah! cessez de tenir ce langage.
Songez-vous quel serment vous et moi nous engage?
Songez-vous, pour trancher d'inutiles discours,
Que le bonheur d'Achille est fondé sur vos jours?

IPHIGÉNIE.

Le ciel n'a point aux jours de cette infortunée
Attaché le bonheur de votre destinée.
Notre amour nous trompoit, et les arrêts du sort
Veulent que ce bonheur soit un fruit de ma mort.
Songez, seigneur, songez à ces moissons de gloire
Qu'à vos vaillantes mains présente la victoire :
Ce champ si glorieux où vous aspirez tous,
Si mon sang ne l'arrose, est stérile pour vous.
Telle est la loi des dieux à mon père dictée :
En vain, sourd à Chalchas, il l'avoit rejetée ;
Par la bouche des Grecs contre moi conjurés
Leurs ordres éternels se sont trop déclarés.
Partez, à vos honneurs j'apporte trop d'obstacles ;
Vous-même dégagez la foi de vos oracles ;
Signalez ce héros à la Grèce promis ;
Tournez votre douleur contre ses ennemis.
Déjà Priam pâlit, déjà Troie en alarmes
Redoute mon bûcher et frémit de vos larmes.
Allez, et dans ses murs vides de citoyens
Faites pleurer ma mort aux veuves des Troyens :
Je meurs dans cet espoir satisfaite et tranquille.
Si je n'ai pas vécu la compagne d'Achille,
J'espère que du moins un heureux avenir
A vos faits immortels joindra mon souvenir,
Et qu'un jour mon trépas, source de votre gloire,
Ouvrira le récit d'une si belle histoire.
Adieu, prince ; vivez, digne race des dieux.

ACHILLE.

Non, je ne reçois point vos funestes adieux.
En vain par ces discours votre cruelle adresse
Veut servir votre père et tromper ma tendresse ;
En vain vous prétendez, obstinée à mourir,
Intéresser ma gloire à vous laisser périr.
Ces moissons de lauriers, ces honneurs, ces conquêtes,

Ma main en vous servant les trouve toutes prêtes.
Et qui de ma faveur se voudroit honorer
Si mon hymen prochain ne peut vous assurer?
Ma gloire, mon amour vous ordonnent de vivre:
Venez, madame; il faut les en croire et me suivre.

IPHIGÉNIE.

Qui? moi? que contre un père osant me révolter
Je mérite la mort que j'irois éviter?
Où seroit le respect et ce devoir suprême...

ACHILLE.

Vous suivrez un époux avoué par lui-même.
C'est un titre qu'en vain il prétend me voler.
Ne fait-il des sermens que pour les violer?
Vous-même que retient un devoir si sévère,
Quand il vous donne à moi n'est-il point votre père?
Suivez-vous seulement ses ordres absolus
Quand il cesse de l'être et ne vous connoît plus?
Enfin c'est trop tarder, ma princesse; et ma crainte...

IPHIGÉNIE.

Quoi, seigneur! vous iriez jusques à la contrainte?
D'un coupable transport écoutant la chaleur,
Vous pourriez ajouter ce comble à mon malheur?
Ma gloire vous seroit moins chère que ma vie!
Ah, seigneur! épargnez la triste Iphigénie.
Asservie à des lois que j'ai dû respecter,
C'est déjà trop pour moi que de vous écouter:
Ne portez pas plus loin votre injuste victoire,
Ou, par mes propres mains immolée à ma gloire,
Je saurai m'affranchir dans ces extrémités
Du secours dangereux que vous me présentez.

ACHILLE.

Eh bien, n'en parlons plus. Obéissez, cruelle,
Et cherchez une mort qui vous semble si belle:
Portez à votre père un cœur où j'entrevoi

Moins de respect pour lui que de haine pour moi.
Une juste fureur s'empare de mon ame :
Vous allez à l'autel, et moi j'y cours, madame.
Si de sang et de morts le ciel est affamé,
Jamais de plus de sang ses autels n'ont fumé.
A mon aveugle amour tout sera légitime :
Le prêtre deviendra la première victime;
Le bûcher, par mes mains détruit et renversé,
Dans le sang des bourreaux nagera dispersé;
Et si dans les horreurs de ce désordre extrême
Votre père frappé tombe et périt lui-même,
Alors de vos respects voyant les tristes fruits,
Reconnoissez les coups que vous aurez conduits!

IPHIGÉNIE.

Ah, seigneur ! Ah, cruel !... Mais il fuit, il m'échappe.
O toi qui veux ma mort, me voilà seule, frappe,
Termine, juste ciel, ma vie et mon effroi,
Et lance ici des traits qui n'accablent que moi!

SCÈNE III.

CLYTEMNESTRE, IPHIGÉNIE, ÆGINE, EURYBATE, GARDES.

CLYTEMNESTRE.

Oui, je la défendrai contre toute l'armée.
Lâches, vous trahissez votre reine opprimée!

EURYBATE.

Non, madame : il suffit que vous me commandiez;
Vous nous verrez combattre et mourir à vos pieds.
Mais de nos foibles mains que pouvez-vous attendre?
Contre tant d'ennemis qui pourra vous défendre?
Ce n'est plus un vain peuple en désordre assemblé;
C'est d'un zèle fatal tout le camp aveuglé.
Plus de pitié. Calchas seul règne, seul commande :

La piété sévère exige son offrande.
Le roi de son pouvoir se voit déposséder,
Et lui-même au torrent nous contraint de céder.
Achille, à qui tout cède, Achille à cet orage
Voudroit lui-même en vain opposer son courage:
Que fera-t-il, madame? et qui peut dissiper
Tous les flots d'ennemis prêts à l'envelopper?

CLYTEMNESTRE.

Qu'ils viennent donc sur moi prouver leur zèle impie,
Et m'arrachent ce peu qui me reste de vie!
La mort seule, la mort pourra rompre les nœuds
Dont les bras nous vont joindre et lier toutes deux:
Mon corps sera plutôt séparé de mon ame
Que je souffre jamais... Ah, ma fille!

IPHIGÉNIE.

Ah, madame!
Sous quel astre cruel avez-vous mis au jour
Le malheureux objet d'une si tendre amour!
Mais que pouvez-vous faire en l'état où nous sommes?
Vous avez à combattre et les dieux et les hommes.
Contre un peuple en fureur vous exposerez-vous?
N'allez point dans un camp rebelle à votre époux,
Seule à me retenir vainement obstinée,
Par des soldats peut-être indignement traînée,
Présenter pour tout fruit d'un déplorable effort
Un spectacle à mes yeux plus cruel que la mort.
Allez; laissez aux Grecs achever leur ouvrage,
Et quittez pour jamais ce malheureux rivage;
Du bûcher qui m'attend, trop voisin de ces lieux,
La flamme de trop près viendroit frapper vos yeux.
Surtout, si vous m'aimez par cet amour de mère,
Ne reprochez jamais mon trépas à mon père.

CLYTEMNESTRE.

Lui, par qui votre cœur à Calchas présenté...

IPHIGÉNIE.

Pour me rendre à vos pleurs que n'a-t-il point tenté?

CLYTEMNESTRE.

Par quelle trahison le cruel m'a déçue!

IPHIGÉNIE.

Il me cédoit aux dieux, dont il m'avoit reçue.
Ma mort n'emporte pas tout le fruit de vos feux:
De l'amour qui vous joint vous avez d'autres nœuds;
Vos yeux me reverront dans Oreste, mon frère.
Puisse-t-il être, hélas! moins funeste à sa mère!
D'un peuple impatient vous entendez la voix.
Daignez m'ouvrir vos bras pour la dernière fois,
Madame, et rappelant votre vertu sublime...
Eurybate, à l'autel conduisez la victime.

SCÈNE IV.

CLYTEMNESTRE, ÆGINE, GARDES.

CLYTEMNESTRE.

Ah! vous n'irez pas seule, et je ne prétends pas...
Mais on se jette en foule au devant de mes pas.
Perfides, contentez votre soif sanguinaire.

ÆGINE.

Où courez-vous, madame, et que voulez-vous faire?

CLYTEMNESTRE.

Hélas! je me consume en impuissans efforts,
Et rentre au trouble affreux dont à peine je sors.
Mourrai-je tant de fois sans sortir de la vie!

ÆGINE.

Ah! savez-vous le crime et qui vous a trahie,
Madame? Savez-vous quel serpent inhumain
Iphigénie avoit retiré dans son sein?

Eriphile, en ces lieux par vous-même conduite,
A seule à tous les Grecs révélé votre fuite.

CLYTEMNESTRE.

O monstre, que Mégère en ses flancs a porté !
Monstre, que dans nos bras les enfers ont jeté !
Quoi ! tu ne mourras point ! Quoi ! pour punir son crime...
Mais où va ma douleur chercher une victime ?
Quoi ! pour noyer les Grecs et leur mille vaisseaux,
Mer, tu n'ouvriras pas des abîmes nouveaux !
Quoi ! lorsque les chassant du port qui les recèle
L'Aulide aura vomi leur flotte criminelle,
Les vents, les mêmes vents si long-temps accusés,
Ne te couvriront pas de ses vaisseaux brisés !
Et toi, soleil, et toi qui dans cette contrée
Reconnois l'héritier et le vrai fils d'Atrée,
Toi qui n'osas du père éclairer le festin.
Recule, ils t'ont appris ce funeste chemin !
Mais cependant, ô ciel ! ô mère infortunée !
De festons odieux ma fille couronnée
Tend la gorge aux couteaux par son père apprêtés.
Calchas va dans son sang... Barbares, arrêtez ;
C'est le pur sang du dieu qui lance le tonnerre...
J'entends gronder la foudre et sens trembler la terre ;
Un dieu vengeur, un dieu fait retentir ces coups.

SCÈNE V.

CLYTEMNESTRE, ÆGINE, ARCAS, GARDES.

ARCAS.

N'en doutez point, madame, un dieu combat pour vous.
Achille en ce moment exauce vos prières ;
Il a brisé des Grecs les trop foibles barrières ;
Achille est à l'autel. Calchas est éperdu :

Le fatal sacrifice est encor suspendu;
On se menace, on court, l'air gémit, le fer brille.
Achille fait ranger autour de votre fille
Tous ses amis, pour lui prêts à se dévouer.
Le triste Agamemnon, qui n'ose l'avouer,
Pour détourner ses yeux des meurtres qu'il présage,
Ou pour cacher ses pleurs, s'est voilé le visage.
Venez, puisqu'il se tait, venez par vos discours
De votre défenseur appuyer le secours.
Lui-même de sa main, de sang toute fumante,
Il veut entre vos bras remettre son amante ;
Lui-même il m'a chargé de conduire vos pas.
Ne craignez rien.

CLYTEMNESTRE.

Moi, craindre ! Ah ! courons, cher Arcas !
Le plus affreux péril n'a rien dont je pâlisse.
J'irai partout... Mais, dieux ! ne vois-je pas Ulysse ?
C'est lui, ma fille est morte ! Arcas, il n'est plus temps !

SCÈNE VI.

ULYSSE, CLYTEMNESTRE, ARCAS, ÆGINE,
GARDES.

ULYSSE.

Non, votre fille vit, et les dieux sont contens,
Rassurez-vous : le ciel a voulu vous la rendre.

CLYTEMNESTRE.

Elle vit ! et c'est vous qui venez me l'apprendre !

ULYSSE.

Oui, c'est moi qui long-temps contre elle et contre vous
Ai cru devoir, madame, affermir votre époux ;
Moi qui, jaloux tantôt de l'honneur de nos armes,

Par d'austères conseils ai fait couler vos larmes,
Et qui viens, puisqu'enfin le ciel est apaisé,
Réparer tout l'ennui que je vous ai causé.

CLYTEMNESTRE.

Ma fille ! Ah, prince ! O ciel ! Je demeure éperdue.
Quel miracle, seigneur, quel dieu me l'a rendue ?

ULYSSE.

Vous m'en voyez moi-même en cet heureux moment
Saisi d'horreur, de joie et de ravissement.
Jamais jour n'a paru si mortel à la Grèce.
Déjà de tout le camp la discorde maîtresse
Avoit sur tous les yeux mis son bandeau fatal,
Et donné du combat le funeste signal.
De ce spectacle affreux votre fille alarmée
Voyoit pour elle Achille et contre elle l'armée :
Mais, quoique seul pour elle, Achille furieux
Epouvantoit l'armée et partageoit les dieux.
Déjà de traits en l'air s'élevoit un nuage ;
Déjà couloit le sang, prémices du carnage :
Entre les deux partis Calchas s'est avancé,
L'œil farouche, l'air sombre et le poil hérissé,
Terrible et plein du dieu qui l'agitoit sans doute :
« Vous Achille, a-t-il dit, et vous Grecs, qu'on m'écoute :
Le dieu qui maintenant vous parle par ma voix
M'explique son oracle et m'instruit de son choix.
Un autre sang d'Hélène, une autre Iphigénie
Sur ce bord immolée y doit laisser sa vie.
Thésée avec Hélène uni secrétement
Fit succéder l'hymen à son enlévement :
Une fille en sortit, que sa mère a celée ;
Du nom d'Iphigénie elle fut appelée.
Je vis moi-même alors ce fruit de leurs amours :
D'un sinistre avenir je menaçai ses jours.
Sous un nom emprunté sa noire destinée

Et ses propres fureurs ici l'ont amenée.
Elle me voit, m'entend, elle est devant vos yeux;
Et c'est elle en un mot que demandent les dieux.»
Ainsi parle Calchas. Tout le camp immobile
L'écoute avec frayeur et regarde Eriphile.
Elle étoit à l'autel, et peut-être en son cœur
Du fatal sacrifice accusoit la lenteur.
Elle-même tantôt, d'une course subite,
Etoit venue aux Grecs annoncer votre fuite.
On admire en secret sa naissance et son sort.
Mais, puisque Troie enfin est le prix de sa mort,
L'armée à haute voix se déclare contre elle,
Et prononce à Calchas sa sentence mortelle.
Déjà pour la saisir Calchas lève le bras.
« Arrête, a-t-elle dit, et ne m'approche pas.
Le sang de ces héros dont tu me fais descendre
Sans tes profanes mains saura bien se répandre.»
Furieuse elle vole, et sur l'autel prochain
Prend le sacré couteau, le plonge dans son sein.
A peine son sang coule et fait rougir la terre,
Les dieux font sur l'autel entendre le tonnerre,
Les vents agitent l'air d'heureux frémissemens,
Et la mer leur répond par ses mugissemens;
La rive au loin gémit, blanchissante d'écume;
La flamme du bûcher d'elle-même s'allume;
Le ciel brille d'éclairs, s'entr'ouvre, et parmi nous
Jette une sainte horreur qui nous rassure tous.
Le soldat étonné dit que dans une nue
Jusque sur le bûcher Diane est descendue,
Et croit que, s'élevant au travers de ses feux,
Elle portoit au ciel notre encens et nos vœux.
Tout s'empresse, tout part. La seule Iphigénie
Dans ce commun bonheur pleure son ennemie.
Des mains d'Agamemnon venez la recevoir,
Venez. Achille et lui, brûlant de vous revoir,

Madame, et désormais tous deux d'intelligence,
Sont prêts à confirmer leur auguste alliance.

CLYTEMNESTRE.

Par quel prix, quel encens, ô ciel! puis-je jamais
Récompenser Achille et payer tes bienfaits!

FIN DU TROISIÈME VOLUME.